첫 꿈
소르 후아나 선집

첫 꿈

소르 후아나 선집

소르 후아나 이네스 데 라 크루스
신정환 옮김

경당

지혜로운 자의 승리는 고통을 통해 얻어지고
눈물을 통해 기념됩니다.
그것이 바로 지혜가 승리하는 방식입니다.

− 소르 후아나

일러두기

1. 이 작품집의 저본은 알폰소 멘데스 플랑카르테(Alfonso Méndez Plancarte)가 편집하고 서문과 주석을 쓴『소르 후아나 이네스 데 라 크루스 전집(Obras completas de Sor Juana Inés de la Cruz)』이다. 전 4권으로 구성된 이 전집은 1951~1957년 멕시코시티의 폰도 데 쿨투라 에코노미카(Fondo de Cultura Económica) 출판사에서 출간되었다. 번역에는 1994년 간행된 제3쇄를 사용했으며, 각 작품에 매긴 번호 역시 이 전집을 따랐다.
2. 성경 구절을 인용한 대목은 2005년 한국 천주교 주교회의 성서위원회에서 편찬한『성경』을 따랐다.

차례

옮긴이의 말
중남미의 고독과 소르 후아나의 매혹과 환멸 • 11

로만세

독자를 위한 서문 [1] • 45
출산한 아기가 세례를 받은 후 맞은 부왕 부인의 생일을
　경하하며 [24] • 49
경애하는 갈베 백작 부인 전하께, 멕시코 전통 자수를 놓은
　신발과 초콜릿 선물을 동봉하며 [44] • 55
하느님 사랑을 몸소 느끼면서 어떤 위험도 무릅쓰고 그분의
　연인으로 살기를 다짐하며 [57] • 59

애가

번득이는 감각 속에 느끼는 부재와 무관심의 감정을
　설명하며 [77] • 63

정통 애가

사랑스러운 존경심의 표현: 라구나 후작 부인을 자신의 것이라
　지칭하는 의미를 얘기함 [82] • 67

레돈디야

사랑의 비논리적 현상을 논리적으로 설명함 [84] • 71
침묵을 깨라는 계율의 명을 받아, 침묵을 변명하며 [91] • 77
자기들이 유발한 것을 여성들에게 뒤집어씌우는
　남자들의 위선적인 비난과 취향을 통박함 [92] • 80

에피그램

자신의 미모를 뽐내는 여인을 비웃는 풍자시 [93] • 87
고귀한 주당 가문의 핏줄을 발견하며 [94] • 88
안약이 필요한 시건방진 친구에게 [95] • 89
신식 군대 대위에게 주는 도덕적 충고 [96] • 90

10행시

한 인물에게 초상화와 함께 보낸 10행시 [102] • 93
말수 없는 사람의 변명을 말로 논박함 [107] • 95
신중하고 용감한 대위에게 [109] • 97
파레데스 백작 부인을 새겨 넣은 반지를 노래하며 [126] • 98
평범하지만 애정이 담긴 선물의 가치 [130] • 99
마지막 손길을 머뭇거리며, 아름다운 여신의 초상화를
    묘사함 [132] • 100

소네트

초상화에게 [145] • 103
악습에 기울고 뮤즈와의 유희를 즐기는 자신의 운명을
    한탄함 [146] • 104
장미꽃과 그 비슷한 존재들에게 하는 도덕적 훈계 [147] • 105
노년의 치욕 없이 아름다운 죽음을 [148] • 106
죽음까지 지속될 상태를 순순히 받아들일 것인가 [149] • 107
눈물의 표현을 통해 질투와 의심을 논박함 [164] • 108
기품 있는 사랑을 만족시키는 환상 [165] • 109
한 가지 생각에 매달리며, 감성보다는 이성을 택하네 [168] • 110
치명적인 상처의 괴로움 [172] • 111
고귀하신 만세라 후작 부인의 서거를 애도하며 [187~189] • 112

리라

최상의 언어로 질투심을 달래는 시 [212] • 117

실바

첫 꿈 〔216〕 • 123
- 해설 • 171

비얀시코

비얀시코 VI, 카타리나 성녀 〔317〕 • 177

서극

성찬신비극 「거룩한 나르키소스」를 위한 서극(序劇) 〔367〕 • 183
- 해설 • 216

산문

필로테아 수녀님에 대한 답신 〔405〕 • 221
- 해설 • 292

소르 후아나 연보 • 297

옮긴이의 말

중남미의 고독과 소르 후아나의 매혹과 환멸

중남미는 바로크의 땅인가?

바로크는 르네상스와 신고전주의 양식 사이에 존재한 유럽의 예술 사조로서 주로 17세기에 유행한다. 그러나 바로크는 고전주의와 함께 예술사에 번갈아 등장하는 두 축이라고 간주하기도 한다(Wölfflin, 40-43). 이런 견해는 시간과 공간을 초월한 바로크 양식이 존재함을 말하는 것이며, 중남미 대륙의 바로크 예술을 논의하는 기반을 제공한다. 실제로 아메리카 대륙의 현실과 역사가 본질적으로 바로크적이었다고 주장하는 연구자들이 있다. 예를 들어, 스페인 비평가 기예르모 디아스 플라하는 아메리카의 자연과 정신이 선험적으로 바로크적이라 주장하며, 불균형, 모순성, 혼혈, 관능성 등의 요소를 나열한다. 멕시코 시인 옥타비오 파스 역시 아메리카의 광대한 지리, 환상적인 동물계와 현란한 식물계 그리고 고대 문명의 풍습이 바로크와 잘 어울리는 본성을 가지고 있다고 말한다.

쿠바 작가인 알레호 카르펜티에르는 더 구체적으로, 아스테카 문명의 조각과 마야 문명의 창세기라 불리는 『포폴 부(Popol Vuh)』부터 20세기 현대 소설에 이르기까지 아메리카 예술은 항상 바로크적이었다고 규정한다. 콜럼버스 항해 이전부터 고유한 중남미 바로크 문화가 꽃피었고 이것이 스페인 바로크 양식과 결합해 한층 풍부한 예술을 산출했다는 것이다(Carpentier, 27). 바로크 예술 양식이 유럽의 테두리를 벗어나 세계적으로 확산한 최초의 보편적 사조라는 점을 말해 주는 대목이다. 그렇다면 유럽 바로크 양식은 중남미에 어떻게 전파됐으며, 그것은 아메리카의 고유한 양식과 섞여 어떤 양상으로 발전하는가? 그리고 식민지라는 환경이 더해지면서 중남미 바로크의 특성은 어떻게 나타나며 이는 식민지 최고의 지성 소르 후아나의 글에 어떻게 반영되고 있는가?

17세기는 르네상스 시대의 고전적 자신감과 낙관론이 사라지고 가치관 단절이 두드러지는 시대다. 특히 스페인은 그 충격이 가장 컸다. 군사적 주도권의 상실과 정치적 몰락, 자본주의 체제 전환 실패와 경제적 몰락, 휴머니즘과 종교개혁으로 인한 종교적 주도권 상실, 새로운 천문학에 의한 구 세계관 붕괴, 그리고 이 모든 요인에 의한 가치관 혼란과 허위의식 만연 등이 그 이유로 꼽힐 것이다. 명예, 신앙 등 전통적 가치관의 상실과 의식의 공황을 겪은 이 시대의 키워드는 '환멸'이며, 이는 바로크 예술의 키워드이기도 하다(신정환, 1999: 218).

따라서 스페인 바로크는 크게 보면 중세적 질서를 부정하고 등장한 근대성에 대한 반응 혹은 반발이었다고 할 수 있다. '근대성'이란

17세기경 사회의 질적 변화가 일어나는 유럽에서 시작해 점차 세계적으로 영향력을 확대한 새로운 사고방식 혹은 삶의 방식을 일컫는다(Giddens, 1). 스페인 역사가 안토니오 마라발은 근대성의 일곱 요소로 봉건 질서 붕괴, 자본주의 경제 대두, 대도시 발전, 국민국가 출현, 가톨릭교회 쇠퇴, 이성주의 철학 등장, 그리고 근대 과학 발전을 꼽는다(Maravall, 14-33). 그런데 이 변화의 기본 배경이 되는 사건은 바로 지리상의 발견, 특히 아메리카 대륙의 등장이었다. 지리상의 확장은 인식의 확장을 부르고, 이로 인한 새로운 세계관과 옛 세계관의 혼재 속에 탄생한 것이 바로크 문학과 예술이다. 따라서 아메리카 대륙은 그 존재 자체가 바로크 양식의 근거이자 무대가 되는 것이다.

식민체제와 바로크 인식론

북유럽을 중심으로 봉건 질서가 무너지며 근대적 변혁이 일어나고 있을 때 근대성에 저항하던 스페인은 외부와 단절하고 가톨릭 신앙을 중심으로 자폐의 길을 걸었고 이런 정책 기조는 아메리카 식민지에도 그대로 적용되었다. 즉 착취 대상인 신대륙에 대해 독점체제를 강화하고 가톨릭교회는 이념의 독점을 담당했다. 독점체제는 문화 분야에도 적용되었다. 16세기 말부터 아메리카에 수입된 문화가 당시 유럽의 지배적 예술 양식인 바로크였다. 스페인은 아메리카에 자신의 분신을 건설했고, 국왕의 분신인 부왕(副王)이 통치하게 했다. 이는 북미와 중남미의 향후 운명이 갈리는 분기점이기도

하다. 근대에 역행하는 구체제가 들어선 중남미에서 바로크 예술은 스페인과 마찬가지로 반종교개혁의 수단이 되었다. 즉 아메리카 바로크는 다민족·다인종 사회에서 체제 수호를 위해 기능한 정교일치의 산물이었다.

그렇다면 중남미 바로크가 자기 고유의 목소리를 내는 요인은 무엇이었을까? 그것은 유럽인의 침략, 정복, 식민화 과정에서 원주민들이 느꼈던 혼란과 무력감, 그리고 신에게 버림받았다는 고아 의식이라 할 수 있다. 사실 이는 유럽인도 일찍이 느꼈던 것이었다. 지리상의 확장이 철학과 과학혁명이라는 인식의 확장으로 이어지면서 인간은 신으로부터 세계 주권을 넘겨받아 세계의 주인을 자임하게 되었다. 그러나 인간은 존재의 불확실성과 의심이라는 대가를 지불하게 된다(신정환, 2011: 169). 밤하늘의 별빛이 지상의 길을 밝혀 주고, 무한히 광대한 세계지만 집에 있는 것처럼 아늑하던 행복한 시대는 끝나고 세계가 갑자기 낯설어진다(루카치, 29). 중세의 낙원에서 추방된 근대인은 의심의 바다에 살면서 불확실한 세계의 고아가 된다. 영문도 모르고 근대에 들어선 중세인의 당혹감과 혼란을 대변하는 인물이 돈키호테와 햄릿이다. 중세의 세계관을 가지고 근대의 무대에 뛰어든 돈키호테는 광인 취급을 당하고, 햄릿은 극도의 혼란 속에 "나는 진짜냐 가짜냐(To be or not to be)"고 외친다.

스페인 정복자들에 유린되고 피가 섞인 아메리카인들은 의심과 불안 속에 스스로에게 묻는다. "세계에서 내 자리는 어디인가?", "나는 누구에게 충성해야 하는가, 아버지의 나라에 혹은 어머니의

나라에?", "누구에게 기도해야 하는가, 정복자의 신에게 혹은 선조들의 신에게?"(푸엔떼스, 239). 따라서 역사적 상황은 다르지만, 존재론적 갈등에서 출발하는 회의는 두 대륙이 공유했던 시대정신이라 할 수 있다. 아메리카 지식인들은 이 존재론적 갈등을 야기한 혼혈(mestizaje) 의식이 특유의 바로크 미학을 탄생시켰다고 말한다. 카르펜티에르 역시 아메리카는 혼혈과 공생의 대륙이며 그것이 바로크를 낳고 있다고 주장한다. 아메리카 원주민들의 고아 의식이나, 옥타비오 파스의 표현대로, '사생아 의식'은 따지고 보면 유럽 바로크의 본질인 '중심의 상실' 감정과 다르지 않은 것이다. 그러나 아메리카의 소외감은 유럽인이 느꼈던 초월적 소외감을 넘어, 물리적 파괴와 혈연적 단절 그리고 지리적 변방 의식이 가세한 다중 소외감이다. 이러한 혼란 가운데 중심을 잡고 공백을 메우려는 노력이 예술적 열망으로 표출되는데 그 도구가 바로크 양식이었다.

무한으로 향하는 압도적인 내면의 충동은 중심을 상실한 근대인의 바로크적 표징이다. 한편, '중심의 상실'로 인한 빈 중심에 대한 공포(horror vacui)는 모든 공간을 채우려는 과잉 장식을 초래한다. 당시의 중남미 성당 건축에서 공간을 빽빽하게 채운 것이 원주민들의 얼굴, 아메리카의 꽃과 나무, 옥수수 열매, 그리고 퓨마와 원숭이 같은 동물 조각과 장식이다. 이는 유럽 교회의 틀에 아메리카의 것을 장식함으로써 혼혈과 공생의 바로크 정신을 보여 준다. 이러한 장식은 문학에서 과도한 수사법, 신조어와 라틴어 등의 현학주의, 무의미한 말장난 등 바로크 과식주의에 상응한다.

미국의 사회학자 피터 버거는 과학과 기술이 인간 조건과 사회를 근본적으로 바꾸는데, 이러한 근대의 대전환을 '운명에서 선택으로' 가는 이행기로 파악한다. 하느님의 프로그램에 안주했던 중세와 달리 근대인은 판단과 행위의 주체로서 자유로운 선택을 할 수 있게 되지만 그 대가로 불확실성과 의심을 떠안게 된다. 하느님의 조화로운 질서가 존재하고 이것이 지상의 질서에 거울처럼 반영되던 시기는 종막을 맞는다. 즉 현상과 실재의 화해는 막을 내리고 의심의 시대가 개막된다. 이는 진짜 얼굴과 가면을 구분하지 못하는 정체성의 혼란으로 이어지고 더 나아가 가면이 진짜 얼굴이 되는 존재론적 전복이 발생한다. 삶이 곧 꿈이자 연극이라는 생각은 세르반테스나 셰익스피어 같은 당대의 작가들에게 보편적인 인식이었다. 아메리카 대륙에서 이러한 바로크 인식론을 대표하는 최고의 작가가 소르 후아나 이네스 데 라 크루스(Sor Juana Inés de la Cruz, 이하 '소르 후아나'로 표기)이다.

소르 후아나의 삶: '지성의 순교'

소르 후아나는 스페인 식민지인 누에바 에스파냐, 즉 오늘날의 멕시코에서 태어나서 활동한 작가이자 지성인이자 가톨릭교회 수녀다. '소르(sor)'는 수녀를 뜻하는 말인데, 그녀의 긴 이름 대신 흔히 그녀를 '소르 후아나'라고 부른다. 에르난 코르테스가 아스테카 제국을 멸망시킨 해가 1521년이고 멕시코가 독립 선언을 한 것이 1821년이니까, 스페인의 식민 통치는 정확히 300년 지속되었다고 할 수 있다. 소르 후아나는 17세기 멕시코에 살았던 인물이지만, 그

시공간을 뛰어넘어 스페인 식민시대를 통틀어 중남미가 배출한 가장 뛰어난 작가로 꼽힌다. 심지어는 중남미의 울타리를 벗어나, 같은 시대 바다 건너 스페인의 황금시대를 빛나게 했던 기라성 같은 작가들, 즉 세르반테스, 칼데론 데 라 바르카, 공고라 등의 문호들에 필적하는 작가로 간주되곤 한다. 그녀가 '열 번째 뮤즈' 혹은 '아메리카의 불사조'라는 명예로운 별명으로 불리는 이유다.

소르 후아나는 1648년 12월 2일 멕시코시티 남쪽 포포카테페틀(Popocatépetl) 화산 기슭에 자리 잡은 산미겔네판틀라 마을에서 태어났다.[1] 해발 5452미터의 활발한 활화산인 포포카테페틀은 멕시코인들에게 '영원한 사랑'을 의미하는 신화의 주인공이자 멕시코 계곡을 지키는 수호신이며 많은 예술 작품에 등장하는 국가 정체성이기도 하다. 소르 후아나의 본명은 후아나 라미레스 데 아스바헤(Juana Ramírez de Asbaje)인데, 아버지 페드로 마누엘 데 아스바헤(Pedro Manuel de Asbaje)는 스페인 바스크 지방 출신이고 어머니 이사벨 라미레스(Isabel Ramírez)는 백인 혈통을 지닌 현지 여성, 즉 크리오요(criollo)였다.

소르 후아나의 아버지 페드로에 대해서는 아무것도 알려진 바가 없다. 소르 후아나도 자기 아버지를 구체적으로 언급한 적이 없다. 심지어 스페인어권 관습과 반대로 그녀의 이름에는 어머니 성이 아

---

[1] 원래 소르 후아나가 출생한 연도는 그녀와 서신을 직접 주고받았고 전기를 썼던 예수회 신부 디에고 카예하의 말에 따라 1651년으로 알려져 있었다. 그러나 1952년 그녀의 세례 증명서가 극적으로 발견되면서 1648년으로 수정된다. 하지만 1651년 출생을 계속 주장하는 연구자들도 있다.

버지 성보다 먼저 온다. 이런 정황을 볼 때 그녀가 아버지와 생활한 적이 있는지, 더 나아가 아버지를 본 적은 있는지도 회의적이다. 결론적으로, 그는 이사벨 라미레스와 정식 혼인 관계가 아니었고 소르 후아나는 사생아였을 것으로 추정된다. 1952년에 발견된 그녀의 세례 증명서에도 '교회의 자식'이라고 표기되어 있다. 이는 당시 사생아를 의미하는 말이었다. 그녀의 어머니도 1687년 작성된 유언에서 자기 자식들이 모두 혼외 출생임을 인정한다. 그러나 소르 후아나는 자기에게 적통의 아버지가 있다고 주장하는 다음 시에서 볼 수 있듯이 자신의 사생아 신분을 드러낸 적이 없다.

> 만일 아버지를 선택할 수 있다면,
> 나는 그렇지 않지만,
> 적통의 아버지가 없는 것이,
> 큰 결점이 될 수도 있겠지.
>
> — 에피그램, 본문 89쪽

식민지의 특성상, 군인들과 뜨내기 모험가들로 가득 찬 멕시코 사회에서 사생아라는 신분은 그리 드문 것이 아니었다. 더 나아가 옥타비오 파스의 말대로 멕시코 정체성의 근간이 되는 것이 사생아 의식이었다고 할 수 있다. 즉 "잠시 머물다 가는 이방인 아버지와 능욕당한 현지인 어머니"의 프레임에서 나온 의식이다. 그렇게 본다면 사생아 소르 후아나는 존재 자체가 멕시코 정체성을 대변하는 조건을 갖추고 있었던 셈이다.

아기 때부터 매우 총명했던 소르 후아나는 세 살이 채 되기도 전에 언니를 따라 학교에 다녔고 짧은 시간 안에 읽는 법을 배워서 사람들을 놀라게 했다. 여덟 살 때는 자기 마을 교회의 부탁을 받고 성체성혈대축일을 기념하는 작품 로아(loa)를 쓰면서 일찍이 문학적 재능을 드러낸다. 그녀가 「필로테아 수녀님에 대한 답신」에서 직접 썼듯이, 어린 시절부터 "식욕보다는 지식에 대한 욕구가 더 컸"던 소녀는 일곱 살 때 남장을 해서라도 대학에 가겠다고 우긴 적도 있다. 한창 멋 부리기를 시작할 나이의 소녀에게 진정한 치장은 텅 빈 머리를 덮는 머리카락이 아니라 머리에 들어 있는 지식이었다.

> 저는 학문을 공부하는 대학교와 고등 교육 기관들이 멕시코시티에 있다는 말을 들었습니다. 그 소리를 듣자마자 저는 대학교에서 공부하고 졸업할 수 있도록 제게 남자 옷을 입혀서라도 수도에 있는 친척 집으로 데려가 달라고 귀찮을 정도로 끈질기게 어머니를 졸라 대기 시작했습니다.
>
> -「필로테아 수녀님에 대한 답신」, 본문 232~233쪽

소르 후아나는 비록 대학에는 가지 못했지만 가까운 마을 파노아얀(Panoayan)에 있는 외할아버지의 농장에 살면서 그 서재에서 지적 욕구를 충족할 수 있었다. 언니 학교를 따라다니며 받았던 초등 교육이 유일했던 소녀에게 외할아버지 서재는 소중한 배움터였다. 또한 여성 교육과 지식을 금기시했던 엄격한 가부장제 사회에서 유일한 피난처가 되었다. 1656년 외할아버지가 세상을 떠나자 소르

후아나는 이모와 친척들이 사는 멕시코시티로 간다. 외가 친척들은 소녀의 영특함에 놀라 라틴어 선생까지 붙여 주는데, 특히 이모부인 후안 데 마타는 어린 조카에게 많은 용기를 준다(Macías Angeles, 84). 소르 후아나가 멕시코시티에서도 신동으로 널리 알려지자 1664년 마침내 부왕청의 부름을 받는다. 이모부에 이끌려 궁정에 들어간 소르 후아나는 부왕 부부의 마음에 들었고, 특히 부왕비인 만세라 후작 부인[2]의 총애를 받는다. 그녀는 부왕비의 시중을 들고 친한 말동무가 되었다. 그녀는 궁정의 여러 행사나 인물을 위해 시를 썼고 여러 교회에서 이 문학 신동에게 작품을 의뢰했다. 그녀는 유명한 학자들과 토론하며 지식을 겨루기도 한다. 1668년에는 부왕이 그녀의 지식을 시험하기 위해 40명의 각계 지식인과 전문가를 궁정에 불러 신학, 인문학, 과학 분야의 토론을 시킨 적도 있는데, 그 해박한 지식이 그들에게 뒤지지 않아 소문이 거짓이 아님을 입증한다.

 주변의 칭송과 흥미에도 불구하고 궁극적으로 소르 후아나가 원한 것은 아무런 속박 없는 '나만의 방'과 지적 자유였다(박채연, 7). 하지만 식민지의 피지배 계층으로서, 든든한 배경 없는 사생아로서, 그리고 엄격한 가부장주의 치하의 여자로서 이는 불가능한 일이었다. 게다가 아름다운 외모 덕분에 그녀는 원치 않는 많은 구혼에 시달려야 했다. 이런 상황에서 소르 후아나가 선택한 길이 수녀원이었다. 1667년 8월 그녀는 멕시코시티에 있는 맨발의 가르멜 수도회

---

[2] 작품번호 187~189 소네트가 만세라 후작 부인인 도냐 레오노르 마리아 델 카레토의 별세를 애도하는 작품이다(본문 112~114쪽).

소르 후아나 초상(미겔 카브레라, 1750)

에 입회한다. 그러나 그녀는 불과 석 달 만에 몸져누우며 수도원을 나온다. 스페인의 신비가이자 개혁가인 아빌라의 데레사 수녀가 창립한 수도회의 엄격한 규율과 열악한 환경이 그녀에게는 맞지 않은 것이다. 그 후 1669년 2월 그녀는 같은 도시의 예로니모 수도회[3]에 입회해 1695년 세상을 떠날 때까지 26년 동안 생활하게 된다.

예로니모 수도회는 생활이 비교적 덜 엄격하고 자유로운 편이었다. 소르 후아나는 이곳에서 '자기만의 방'을 꾸미며 열심히 공부하고 활발하게 글을 썼다. 4천여 권의 책과 여러 악기, 그리고 과학 기구 등이 가득 찬 방에서 외부의 작가와 지식인들 모임을 하고 부왕청의 권력자들과도 교분을 유지한다. 부왕비는 시중드는 하녀까지 보내 주면서 배려를 아끼지 않는다. 1750년에 미겔 카브레라가 그린 소르 후아나의 유명한 초상화를 보면 당시 소르 후아나의 생활을 어느 정도 짐작할 수 있다. 그림에 등장하는 소르 후아나는 청빈, 순결, 순명을 따르는 수도자의 모습이라기보다는 책이 가득 찬 연구실에 앉아 있는 대학교수, 혹은 시대를 앞선 계몽주의 철학자의 모습이다.[4]

---

[3] 예로니모 수도원은 성녀 파울라 수도원이라고도 불렸다. 파울라 성녀가 예로니모 성인의 일생에 걸친 후원자이자 협력자였기 때문이다. 그렇기에 「필로테아 수녀님에 대한 답신」에서 소르 후아나는 자신이 성 예로니모와 성녀 파울라의 딸이라고 자주 언급한다.

[4] 소르 후아나를 그린 초상화로 두 개가 유명한데, 하나는 후안 데 미란다(Juan de Miranda)가 1713년에 그린 것이고, 다른 하나는 미겔 카브레라(Miguel Cabrera)가 1750년에 미란다의 초상화를 보고 그린 것이다. 옥타비오 파스는 『소르 후아나 이네스 데 라 크루스 혹은 신앙의 함정』에서 후안 데 미란다의 초상화가 그림에도 소질이 있던 소르 후아나의 자화상을 보고 그린 것일 수 있다고 추정한다(Paz, 306).

그렇다면 소르 후아나가 수도원에 간 이유는 신앙심이 아니라 오로지 자기만의 삶과 공부를 위한 것이었을까? 혹은 일부 호사가들 말대로 사랑에 실패한 도피였을까? 그녀는 「필로테아 수녀님에 대한 답신」에서 수도원 생활이 자기 성격과 맞지 않음에도 불구하고 입회한 것은 결혼에 대한 혐오감, 혼자 살고 싶은 욕구, 그리고 공부하는 자유를 위해서라고 밝힌다. 그리고 수도원 생활이 그나마 가장 어색하지 않게 자기 구원을 보증해 줄 수 있는 선택이었다고 말한다(본문 234쪽). 그녀가 훗날 수녀원장 직책을 고사하는 것도 책임자의 역할로 인해 공부하고 글 쓰는 시간을 빼앗기지 않기 위해서였을 것이다. 실제로 소르 후아나는 수녀원에서 종교적이든 세속적이든 주제와 장르를 가리지 않고 많은 작품을 썼고 명성은 갈수록 높아졌다.

명성에 힘입어 소르 후아나는 1680년 새로운 부왕 라구나 후작을 위해 건설되는 행사용 목재 개선문의 설계를 맡았고, 그 부임을 축하하는 산문 작품 「비유의 넵투누스(Neptuno alegórico)」도 써서 바친다. 이 작품은 신임 부왕을 바다의 신 포세이돈에 비유해 칭송하는 내용이다. 이후 부왕 부부, 특히 부왕비인 파레데스 여백작은 소르 후아나의 최고 후원자가 되었다. 시기적으로도 라구나 후작이 부왕으로 재임하던 1680년에서 1686년까지 소르 후아나의 집필 활동이 가장 왕성했다고 볼 수 있다. 1682년 소르 후아나는 멕시코 왕립 교황청 대학교가 주최하는 백일장에 가명으로 참가해 상을 두 개나 받는다. 1683년에는 희곡 「저당 잡힌 집(Los empeños de una casa)」이 라구나 부왕 부부 앞에서 상연되었고, 1685년경에는 대표작으로 꼽히는 「첫 꿈(Primero sueño)」을 완성한다. 스페인의 바로크 시를 대표하는 공고라를 모방해 쓴 이 장시는 신체가 잠들어 있는 동안 인간 영혼이 꿈을 통해 절대 지식을 찾는 과정을 그린 걸작이다.

잘나가는 사람에게는 시기와 질투가 따라다니듯, 소르 후아나 역시 생전에 많은 견제와 방해를 받았다. 엄격한 남성중심주의가 지배하는 교회의 위계질서, 종교재판소의 감시와 통제, 대부분 문맹이었던 동료 수녀들의 질투, 글을 쓰지 말라고 대놓고 명령하는 수녀원장, 세간에 떠도는 흥미 위주의 근거 없는 소문, 심지어 수도 공동체의 일상적 의무나 동료 수녀들의 악의 없는 면담 요청조차 그녀에게는 공부 시간을 빼앗는 방해물이었다. 그러나 생전에 소르 후아나를 가장 힘들게 했던 사람은 다름 아닌 그녀의 수녀원 입회 보증인이자 고해 사제였던 안토니오 누녜스 데 미란다(Antonio Núñez de Miranda, 1618~1695) 신부다. 소르 후아나는 「필로테아 수녀님에 대한 답신」에서 이렇게 말한다.

> 제게 더 큰 해악과 상처를 준 것은 증오심과 악의를 가지고 저를 공개적으로 박해한 사람들이 아니라, 오히려 저를 사랑하고 제가 잘되는 것을 바란다고 하면서도(그들의 선의는 하느님께서 축복해 주실 겁니다) 다른 누구보다도 저를 괴롭히고 고문했던 사람들입니다.
>
> ─ 본문 245쪽

소르 후아나와 가장 많이 접촉한 사람 중 하나인 누녜스 신부는 평소 그녀가 공부하고 글 쓰는 것을 못마땅하게 생각하면서, "속세의 물을 먹은 수녀"라고 비판한다. 영적 지도를 하는 고해 신부의 비판은 누구보다 더 소르 후아나를 내적으로 힘들게 했을 것이다. 본인도 훌륭한 학자이자 부왕 부부의 고해 사제를 겸하는 권위 있는 사제였던 누녜스 신부로서는 "주제넘게 공부하고 글도 잘 쓰는 여자"에 대한 인간적인 질투도 가지고 있었을 것이다. 결국 소르 후아나는 1682년 부왕 부부의 허락을 받은 후에 이 예수회 사제에게 편지를 보내 수도원 입회 이후 14년간 맡아 왔던 고해 신부직에서 물러나라고 '해고' 통보를 하기에 이른다.

소르 후아나가 교회 안팎으로 많은 반감을 샀음에도 불구하고 건재할 수 있었던 것은 역시 부왕 부부를 비롯해 권력층의 든든한 후원자들이 있었기 때문이다. 특히 1689년 라구나 부왕의 부인인 파레데스 여백작은 소르 후아나의 작품을 모아 『카스탈리아 샘물의 범람(Inundación castálida)』이라는 제목의 책이 마드리드에서 출판되도록 도와준다. 물론 이전에도 비얀시코(villancico)를 비롯한 작품들이 멕시코시티에서 부분적으로 인쇄된 적은 있지만, 여러 시를 모은 소르 후아나의 정식 출판물은 이것이 처음이었다. 파레데스 여백작은 1692년 소르 후아나의 두 번째 작품 모음집인 『제2권(Segundo volumen)』의 출판도 후원한다. 본명이 마리아 루이사였던 파레데스 여백작과 소르 후아나는 관계가 워낙 돈독하였기에 일부 연구자들은 두 사람이 단순한 우정 이상의 관계였다고 추정하기도 한다. 소르 후아나는 여러 작품에서 여백작을 리시(Lysi)라는 친밀한 호칭으로 부른다(본문 49쪽). 그러나 당시 시대 상황이나 소르 후아나의 성향을 볼 때 두 사람의 연인설은 근거가 없다고 본다.

소르 후아나의 위기는 예기치 않은 곳에서 시작된다. 1690년에 출판된 「아테나 여신에 버금가는 편지(Carta Atenagórica)」는 부정적 의미에서 그녀의 삶에 큰 전환점이 된다. 이 글은 당시 저명 신학자였던 포르투갈의 안토니우 비에이라(António Vieira, 1606~1697) 신부 강론을 소르 후아나가 학문적으로 비판하는 내용을 담고 있다. 이는 평소에 수녀의 활동을 곱게 보지 않았던 교회 고위 성직자들과 그녀를 질투하던 사람들의 괘씸죄에 걸린다. 특히 멕시코시티 대교구의 프란시스코 아기아르 이 세이하스(Francisco Aguiar y Seijas) 대주교는 비에이라 신부와 같은 예수회 소속이자 그의 책을 멕시코에서 출판해 줄 정도로 친분이 깊었다. 더욱이 그는 지독한 여성 혐오주의자였다.

사실 이 일의 내막을 살펴보면 소르 후아나는 억울하기 그지없는 상황이었다. 푸에블라 교구장인 마누엘 페르난데스 데 산타 크루스(Manuel Fernández de Santa Cruz) 주교가 소르 후아나와 아무런 의논도 없이 그 글을 덜컥 출판해 버린 것이기 때문이다. 주교는 이에 그치지 않고 필로테아 데 라 크루스 수녀라는 가명으로 「소르 필로테아 데 라 크루스의 편지」를 써서 「아테나 여신에 버금가는 편지」의 서문으로 달아 놓는다. 주교는 편지에서 소르 후아나에게 세속적인 것보다는 거룩한 일에 대해 더 공부하고 글을 쓰라고 질책성 권고를 한다. 소르 후아나의 글이 마음에 들어 출판한다면서 같은 책의 서문에서 그녀를 질책하는 주교의 위선은 당시 교회의 편견과 억압적인 분위기를 단적으로 보여 준다. 결국 소르 후아나는 앙

숙 관계인 멕시코시티 교구장과 멕시코 두 번째의 교구였던 푸에블라 교구의 교구장 사이에 끼인 희생양이었다.

필로테아 수녀의 이름 뒤에 숨은 주교에 대해 응답하는 유명한 글이 1691년의 「필로테아 수녀님에 대한 답신(Respuesta a Sor Filotea de la Cruz)」이다. 이 편지에서 소르 후아나는 자신의 개인사를 얘기해 줄 뿐만 아니라, 자기가 글을 쓰는 이유 그리고 역사상 존재했던 많은 여성 학자들의 예를 들면서 여자가 공부하고 시를 써야 하는 이유를 말한다. 따라서 이 글은 "자기들이 유발한 것을 여성들에게 뒤집어씌우는 남자들의 위선적인 비난과 취향을 통박"하는 레돈디야 92번 작품(본문 80쪽)과 함께 가히 시대를 앞선 소르 후아나의 사상을 보여 준다. 이 때문에 이 편지는 사상 최초의 페미니즘 선언이라 불리기도 한다.

당시 멕시코는 여러 자연재해와 전염병으로 사회적 분위기가 삭막한 해가 이어졌다. 1691년 홍수가 나서 흉년과 기근이 들었으며 흑사병이 유행했다. 한낮에 세상이 암흑천지로 바뀌는 개기일식까지 일어나 민심이 흉흉하던 차에 1692년 대규모 민중 폭동으로 약탈과 방화가 일어나고 부왕청마저 불에 탈 정도였다. 그러던 차에 1693년, 자세한 내막은 알려지지 않았지만 소르 후아나가 오랜 애증 관계였던 누녜스 신부를 고해 사제로 다시 부른다. 파레데스 백작을 비롯해 그동안 그녀를 지지하고 후원해 주었던 많은 사람이 멕시코를 떠나거나 아예 이 세상을 떠난 것도 영향을 미쳤을 것이다. 그러나 프란시스코 아기아르 이 세이하스 대주교는 여전히 멕시코시티 대교구를 이끌고 있었다. 소르 후아나에 대한 누녜스 신부의 태도도 변한 것이 없었다. 그는 여전히 소르 후아나를 다그쳤고, 세속적인 관심을 접고 영원한 것에 마음을 쏟으라고 충고한다. 결국 소르 후아나는 글쓰기를 중단한다.

    1694년은 소르 후아나가 수도복을 입은 지 25년, 즉 은경축(銀慶祝)을 맞는 해였다. 그해 2월 8일, 소르 후아나는 자기 피를 잉크로 사용하면서 신앙을 재확인하는 글을 쓰고 수도 서원을 갱신한다.[5] 그녀는 이렇게 쓴다. "나, 후아나 이네스 데 라 크루스 수녀는 세상에서 제일 형편없는 여자입니다"(Leonard, 247). 그녀는 서재이자 살롱이자 실험실이었던 방을 정리한다. 가지고 있던 악기와 과학 도구, 받은 선물들, 그리고 책까지 모두 팔아 버리고 수익금은 자선단체에 기부한다. 가진 것을 모두 처분한 수녀는 완전한 침묵의 세계로 들어간다. 1695년 페스트가 유행하자 동료 수녀들을 돌보던 소르 후아나는 자신도 감염되어 죽음을 맞는다. 마흔여섯 살의 나이였다. 장례미사의 조사는 그녀의 지적 동지였던 멕시코의 대문호 카를로스 데 시구엔사 이 공고라(Carlos de Sigüenza y Góngora)가 맡았다. 스페인 역사가 아메리코 카스트로는 뛰어난 재능을 가졌으나 펜을 놓을 수밖에 없었던 이 수녀를 '지성의 순교자(Mártir de Inteligencia)'라고 부른다. 소르 후아나가 세상을 떠나고 5년 후 마드리드에서 세 번째 작품집『멕시코 불사조의 명성과 유고집』이 출판된다.

---

5   "잉크가 아니라 피로써 적은 것을 남겼"던 카타리나 성녀(비얀시코, 본문 180쪽)의 모범을 따른 것 같다.

소르 후아나의 문학: '꿈'과 바로크 문제

소르 후아나는 다양한 장르의 시와 산문, 그리고 극작품을 남겼는데 제일 많은 분량을 차지하는 것은 시다. 그 안에서도 로만세, 애가, 레돈디야, 에피그램, 10행시, 리라, 실바, 비얀시코, 소네트 등 거의 모든 형식이 구사된다. 시의 내용을 보면 사랑을 주제로 한 것이 가장 많은데, 이별의 아픔, 사랑의 배신과 환멸, 질투의 감정 등을 다룬다. 사랑의 주제 외에, 후원자의 요청으로 특정 인물을 기리는 찬양시, 「첫 꿈」과 같이 진리를 추구하는 형이상학적 시, 남자들의 위선을 질타하는 풍자시, 삶의 허무와 세상사의 환멸을 그린 철학시도 볼 수 있다. 예를 들어, 다음에 보는 소르 후아나의 소네트는 삶의 무상함과 환멸을 그린 작품으로서, 짧은 인생을 초상화에 비유해 쓴 시다. 변치 않는 초상화를 통해 가는 세월을 잡아 두려고 아무리 발버둥질해도 결국 시간의 횡포를 이길 수 없다는 허무주의가 깔려 있다. 낙원을 상실하고 이해할 수 없는 세계의 질서와 삶의 허망함에 직면한 근대인의 우울감이 드러난 대표적인 바로크 작품이라 할 수 있다.

    네가 보는 이것, 색깔의 속임수,
    가식적인 색깔의 조합을 통해
    예술적 아름다움을 뽐내며
    교묘하게 감각을 속이네.
      이것은 달콤한 말로 세월의

공포를 벗어나려 하고,

시간의 횡포를 무찌르며

노화와 망각에 맞서 싸우네.

　하지만 모든 공이 헛되나니,

바람 앞의 연약한 꽃 한 송이,

운명 앞의 부질없는 피난처.

　그것은 빗나가 버린 우둔한 노력,

허망한 헛수고, 설사 좋게 보더라도

시체, 먼지, 그림자, 그리고 무(無).

- 본문 103쪽

　소르 후아나는 여러 편의 극을 쓰기도 했다. 개성 강한 여주인공을 내세운 「저당 잡힌 집」은 사랑을 주제로 전개되는 전형적인 치정극이고, 「사랑은 지극한 미로(El amor es más laberinto)」는 테세우스 신화를 소재로 하는 영웅극이다. 한편 성찬신비극(auto sacramental)은 아메리카 대륙에서 원주민 복음화를 위해 필수적인 문학 장르였는데, 소르 후아나는 스페인 왕실의 주문을 받아 세 편의 작품 「거룩한 나르키소스(El divino Narciso)」, 「요셉의 홀(El cetro de José)」, 그리고 「성사의 순교자(El mártir del sacramento)」와 함께 각 성찬신비극의 서극(序劇) 역할을 하는 로아(loa)를 쓴다. 소르 후아나의 시가 공고라의 영향을 많이 받았다면, 극작품은 「인생은 꿈」으로 유명한 스페인 황금 세기의 최고 극작가 칼데론 데 라 바르카(Calderón de la Barca)의 영향이 많이 드러난다. 한편 소르 후아나가 쓴 산문으로는 앞서 소개한 「아테나 여신에 버금가는 편지」와 「필로테아 수녀님에 대한 답신」이 있다. 이들 서간문은 그녀의 생각과 전기적 사실을 알 수 있는 소중한 자료이기도 하다.

소르 후아나의 글은 장르를 불문하고 전형적인 바로크 문체를 보여 준다. 물론 바로크 양식이 제일 잘 드러나는 것은 시다. 스페인 본토의 바로크 시는 크게 보아 공고라가 주도한 과식주의(過飾主義)와 케베도가 주도한 기지주의(奇智主義)로 나눌 수 있다. 전자가 현란한 말의 향연을 보여 주는 장식적인 문체라면, 후자는 형식보다는 내용에 치중하여 추상적 사상이나 생각을 간결하고 기발하게 표현하는 복합 비유어를 구사한다. 소르 후아나는 두 가지 문체를 자유자재로 구사했는데, 대표작이라 할 수 있는 장시(長詩) 「첫꿈」에서 많은 예를 볼 수 있다. 감각적 수식어가 동원된 장식적 어휘와 라틴어, 신조어, 신화나 성서 이야기 등의 현학적 언어가 도치 구문을 통해 전개되면서 독자들은 그 의미를 찾다가 길을 잃어버리곤 한다. 과식주의와 기지주의가 극단화되면 결국 말의 의미는 실종되고 무의미를 지향하게 된다. 이는 가치관 혼돈의 세상에서 무의미와 '빈 중심에 대한 공포'로 인해 나타난 바로크 건축의 과잉 장식과도 상응한다.

의심의 시대와 내적 모순

소르 후아나의 삶과 문학을 보면 많은 내적 갈등을 일으키는 모순이 발견된다. 즉 사랑의 열정과 수녀의 정결 의무, 지식과 신앙, 과학적 세계관과 옛 세계관, 원주민 문명과 그리스도교 문명 등이 혼재한다. 근대성이 야기한 세계의 불확실성, 그리고 백인의 침략으로 존재의 근거가 송두리째 뽑힌 중남미 인식론이 여기 가세하여 모든 것이 의심의 대상이 되어 버린 바로크 시대의 전형적인 증상을 보여 준다. 이런 의미에서, 곤살레스 에체바리아는 소르 후아나가 보여 주는 바로크의 본질은 '본질의 상실'에 있으며, 이는 부왕령 세계의 이념적 파산을 의미한다고 말한다(González Echevarría, 294).

먼저, "사랑의 비논리적 현상을 논리적으로 설명"한다는 제목의 레돈디야(본문 71~76쪽)는 소르 후아나의 사랑의 열정을 보여주는 좋은 예다. 그녀는 가슴속에 불어닥친 강력한 사랑의 폭풍우를 노래하며 참기 힘든 열망을 토로한다. 다른 레돈디야 작품(본문 77~79쪽)에서는 "비록 상상 속이지만 당신의 애정이 저를 미치게" 했다고 고백한다. 사랑의 시 가운데는 역대 부왕비 가운데 가장 친밀한 관계를 유지해서 주변의 오해를 샀던 파레데스 여백작에 대한 사모의 마음을 표현한 작품이 많다. 순결이 중시되는 수녀가 "치명적인 상처의 괴로움과 사랑의 모욕으로 비탄에 빠진"(본문 111쪽) 시를 쓴다는 것이 이해되지 않는 측면도 있다. 그러나, 관능적 표현으로 가득 찬 구약성경의 「아가」처럼 사랑의 대상을 하느님으로 보는 알레고리적 해석이 필요하고, 다른 한편으로는 바로크 시에서 가장 중요한 주제가 사랑이었다는 점도 참고해야 한다.

여자인 소르 후아나의 학문 애호와 지식 추구도 남성중심적 가치관과 충돌하는 것이었다. 그러나 소르 후아나는 「필로테아 수녀님에 대한 답신」에서 학문에 대한 사랑이 하느님께 영광을 돌리기 위한 것이며 공부의 모든 과정이 성스러운 신학의 정점을 향한다고 주장한다. 그리고 성경에 나오는 드보라, 팔미라의 여왕 제노비아, 이집트의 카타리나 성녀를 비롯해 수많은 여성이 학식을 뽐내며 존경을 받아 왔다고 말하며, 여성이 교육받아야 사회적 해악을 방지할 수 있다고 강조한다(본문 270쪽). 또한 공부하고 토론하고 가르치는 일이야말로 교회에 봉사하는 길이며, 여자에게도 이성을 주신 하느님은 여자의 무지를 원치 않으신다고 노래한다(본문 178~179쪽). 여성도 배우고 가르쳐야 한다는 소르 후아나의 생각은 지식이 남성의 전유물이라 생각하던 당시 파격적인 것으로 근대 페미니즘의 면모를 보여 준다. 소르 후아나의 페미니즘은 더 나아가 남성의 위선을 비판하며 확장된다. 특히 아냇감으로는 현모양처의 전형인 루크레시아를 원하면서 애인감으로는 하룻밤 상대를 찾는 남자의 이중성을 통렬하게 질타한다(본문 81쪽). 철저한 가부장제와 엄격한 교계 제도에 기반하고 있는 당시 사회에서 감히 아무나 할 수 없는 고발이자 도발이었다.

 소르 후아나는 사실상 중세적 세계관과 의식에 머물러 있는 교회 소속이지만 당시 획기적인 발전을 이룩하고 있던 과학 분야에 대한 지식이 깊었다. 그녀는 「필로테아 수녀님에 대한 답신」에서 자연의 도구를 이용한 사물의 정확한 측정, 천체 회전 운동의 관찰, 신체에 대한 해부학적 지식, 직관이 아닌 단계적 추론을 강조하는 과학적 자세를 보여 준다. 운수를 점치기 위한 천체 연구는 중대한 범죄라고 생각하는 계몽주의자의 모습도 보인다(「첫 꿈」, 306~308행, 본문 138쪽). 물론 과학적 사고가 적어도 겉으로 보기에는 신앙의 훼

손으로 이어지지는 않는다. 그녀는 인간의 모든 능력이 "전능하신 하느님이 자비로운 손길로 부여하신" 것이라고 전제한다. 또한 인간의 지력이 아무리 발전한다고 해도 가벼운 산들바람에 꽃 한 송이가 아름다운 꽃잎을 펼치는 이유조차 모른다고 말한다(「첫 꿈」, 730~756행, 본문 159~160쪽). 과학과 이성을 중시하되 하느님의 섭리를 뛰어넘을 수는 없음을 밝히며 그 모순을 중재하는 것이다.

한편 소르 후아나는 유럽인의 혈통을 가진 가톨릭교회의 수녀지만 자기가 서 있는 땅에 존재했던 위대한 원주민 문명의 존재를 무시하지 않고 오히려 자부심을 가지고 있었다. 자신의 최대 후원자였던 '리시', 즉 라구나 부왕비가 세르다 가문의 아들을 낳자 써서 바친 시를 보자.

> 아메리카여, 뽐내거라,
> 왕관 쓴 그 머리를,
> 멕시코 독수리여, 펼쳐라,
> 위대한 제국의 날개를.
>   이교도 목테수마의 위대함이
> 잠든 그 왕궁에서 이제,
> 가톨릭 신앙 세르다 가문의
> 자손들이 탄생하기에.
>
> — 로만세, 본문 51쪽

원주민의 이교도 문명을 찬양하면서 그리스도교 신앙으로 포용하는 모습은 성찬신비극 「거룩한 나르키소스」의 서극 역할을 하는 로아에서도 볼 수 있다. 소르 후아나는 이 극에 왕관을 쓴 인디오 청년과 망토를 쓴 인디오 귀족 여인을 등장시키고 원주민 전통 예식을 보여 준다. 그것은 멕시카 부족의 전능한 '씨앗의 신' 우이칠로포치틀리를 찬양하는 의식이다. 그녀는 사탄이 이교도의 우상을 통해 그리스도교 성체성사의 신비를 흉내 내는 것은 이교도들 역시 위대한 경이로움의 징표를 가지고 있음을 의미하는 것이라 말한다. 이는 강압이 아니라 포용을 통한 복음화, 즉 두 종교의 혼혈적 화해로 귀결된다. 정복 초기 멕시코에서 발현한 과달루페 성모가 상징하는 두 세계의 화해다. 이 화해는 중남미 건축과 문학에서 장식과 문체의 혼종성으로 표현된다.

작품에 드러나는 바로크적 문체에 앞서, 소르 후아나는 존재 자체가 이미 바로크적 정수를 가진다고 할 수 있다. 아버지 존재를 모르는 사생아, 지식 접근이 금기시된 여자, 스페인 권력 처분에 맡겨진 식민지 피지배자, 그리고 신앙보다 이성과 지식 추구에 더 큰 열망을 가진 수녀라는 주변부 존재로서 정체성의 혼란과 존재론적 회의가 발생하는 것은 당연한 일이다. 특히 신앙과 지식의 내적 갈등은 종교인 여부를 떠나 철학과 과학혁명을 통해 근대성의 역설을 체험한 바로크 인간의 숙명이라 할 수 있다. 그 숙명에서 벗어나지 못한 소르 후아나 역시 진짜 얼굴과 가면 사이에서 길을 잃고 수도원에서 영원한 침묵의 세계를 택한다. '거룩한 무지'와 지성의 희생을 강요한 멕시코 사회의 남성중심주의와 교회의 압력을 보면 옥타비오 파스가 그녀의 삶을 압축한 '신앙의 함정'이 뜻하는 바를 이해하게 된다.

소르 후아나 연구 동향

소르 후아나 연구가 어려운 점은 그녀의 개인사, 특히 어린 시절의 삶이 많은 부분 베일에 가려 있다는 것이다. 그나마 세 가지 자료가 소중한 정보를 제공하는데, 1682년 소르 후아나가 누녜스 신부를 고해 사제에서 '해고'하면서 보낸 편지, 1691년 푸에블라 대주교에게 보낸 편지인 「필로테아 수녀님에 대한 답신」, 그리고 소르 후아나와 20여 년간 편지를 주고받았던 스페인의 디에고 카예하(Diego Calleja) 예수회 신부의 기록이다. 전기 역할을 하는 이 글은 1700년에 나온 소르 후아나 『유고집』에 서문 형태로 실려 있다(Tenorio Trillo, 10).

소르 후아나는 다른 바로크 작가들과 마찬가지로 18세기 이후의 문학사에서도 잊힌 존재였다. 그러다가 19세기 낭만주의가 유행하면서 재등장했고, 특히 20세기 초 바로크의 재평가 바람을 타고 본격적인 주목을 받게 된다. 1910년에 일어난 멕시코 혁명으로 인한 민족주의 바람도 큰 영향을 미쳤다. 물론 그 평가 방향은 시대에 따라, 그리고 종교적, 역사적, 문학적 관점에 따라 다르게 이뤄진다. 이와 관련해, 멕시코 인문학자 안토니오 알라토레는 소르 후아나가 경탄, 비판, 망각, 그리고 재평가라는 수용의 역사를 밟아 왔다고 말하며 구체적으로 다섯 단계로 구분한다.

첫 단계는 소르 후아나가 활동하던 17세기다. 당시 그녀는 해박한 지식과 라틴어 실력, 그리고 뛰어난 작품으로 이름을 날리며 '열 번째 뮤즈'라는 별명을 얻는다. 특히 「첫 꿈」은 스페인 바로크 문학의 거장인 루이스 데 공고라의 영향을 받았으나 그에 필적한다는 찬사를 들었고 그녀의 이름은 스페인어권 세계에 널리 알려진다. 두 번째 단계는 소르 후아나의 이름이 망각에 묻히는 18세기다. 이성이 중시되는 계몽주의, 그리고 간결미와 조화와 균형을 중시하는 신고전주의 등장과 함께 소르 후아나의 전형적인 바로크 작품 역시 냉대를 받았고, 그녀의 지적 활동 역시 오만했다는 비판을 받으며 서서히 잊힌다. 세 번째 단계는 낭만주의 영향으로 소르 후아나의 재평가가 시작되는 19세기다. 전통과 권위에 저항하는 낭만주의 바람과 함께 당시 작가들은 지적 자유의 상징이자 페미니즘의 선구자로 소르 후아나를 재조명하기 시작한다. 특히 그녀의 「필로테아 수녀님에 대한 답신」은 교회의 억압에 맞서 저항한 상징적인 작품으로 꼽힌다.

네 번째 단계는 소르 후아나에 대해 보다 객관적인 시각으로 학문적 조명이 비추어지는 20세기다. 이는 20세기 초반 유럽에서 시작한 바로크 재평가 운동에 힘입은 바가 크다. 특히 스페인에서는 1927년 공고라 사후 300년을 기념하여 결성된 27세대 시인들이 바로크 문학 재평가에 앞장섰다. 한편 1950년대 이후에는 많은 작가와 학자들에 의해 객관적 시각을 가진 연구가 이뤄진다. 1951년 소르 후아나 탄생 300주년을 기념하는 학술대회가 세계 여러 곳에서 열렸고,[6] 같은 해 알폰소 멘데스 플랑카르테가 편집해 출판하기 시

---

6 재미있게도 300주년 행사 다음 해에 소르 후아나의 세례 증명서가 발굴되면서 1648년 출생설이 설득력을 얻게 된다.

작한 『소르 후아나 이네스 데 라 크루스 전집』이 1957년에 네 권으로 완간된다. 20세기에 소르 후아나 연구 성과가 풍성했던 시기는 특히 1980년대. 1982년 옥타비오 파스의 『소르 후아나 이네스 데 라 크루스 혹은 신앙의 함정』을 비롯해 중요한 연구서와 논문들이 나왔고, 번역도 더욱 활발해져서 「첫 꿈」이 처음으로 이탈리아어, 프랑스어, 그리고 영어로 완역되었다(Perelmuter, 20). 특히 파스의 연구는 국제적으로 소르 후아나 연구가 활성화되는 중요한 성과로 간주된다.

20세기를 마감하며, 소르 후아나는 스페인 황금 세기 시인인 공고라와 케베도 못지않은 위대한 작가로 자리매김한다. 또한 여성의 지적 권리를 주장한 페미니즘의 선구자로 평가된다. 21세기에 들어온 오늘날도 물론 소르 후아나는 중남미 문학사뿐만 아니라 스페인어권 문학사에서 가장 중요한 작가 가운데 한 사람으로 확실히 자리 잡고 있다.

번역을 마치며

현재 멕시코 100페소 지폐에 등장하는 소르 후아나는 멕시코에서 그녀의 문화적 비중을 짐작하게 한다. 아마도 우리나라의 신사임당이 차지하고 있는 위상에 못지않을 것이다. 그런데, 비록 공간적으로 멀리 떨어져 있는 대륙이지만, 중남미의 대표적인 지성으로 꼽히는 인물이 한국에 저서나 번역서 한 권 없다는 것은 아쉬운 일이 아닐 수 없다. 개인적인 얘기를 하자면, 중남미 현대 소설을 전공하다가 그 미학적 뿌리를 찾아 스페인 황금 세기까지 거슬러 올라가는 연구를 하면서 그 핵심이 되는 바로크 미학의 가치와 의미를 알게 되었다. 이에 바로크 문학과 예술을 가장 중요한 주제로 삼아 연구해 왔으나 의미 있는 성과를 내지 못해 마음이 늘 무거웠다. 이번에 소르 후아나의 번역을 하면서 조금이나마 마음의 부담을 덜고 싶었다. 중남미 문학에 관심 있는 분들과 후학들에게 도움이 되기를 바란다.

이번 선집에는 소르 후아나가 썼던 모든 장르의 주요 작품을 골고루 번역했다. 특히 가장 중요한 작품으로 꼽히는 「첫 꿈」과 「필로테아 수녀님에 대한 답신」이 포함되었다. 번역서의 제목도 그런 의미에서 '첫 꿈'으로 달고 '소르 후아나 선집'이라는 부제를 달았다. 「아테나 여신에 버금가는 편지」가 빠져 있는 점이 다소 아쉽지만 개정판의 기회가 있을 때 번역을 추가하기로 약속한다. 또 다른 아쉬움은 운율과 수사법을 비롯한 현란한 바로크 문체를 살려 보려 했으나 워낙 언어적 차이가 많아서 역부족이었다는 점이다. 대중서가 아님에도 불구하고 오로지 문화적 책임감을 가지고 이 책을 출판하는 도서출판 경당과, 치밀하고 성실하게 교정을 봐 주신 김성천 선생님에게도 고맙다는 말씀을 드린다.

참고 문헌

루카치, 게오르그, 『소설의 이론』, 반성완 역, 심설당, 1985.
박채연, 「위대한 지성의 순교자」, 『들숨날숨』, 40, 2002.8.
신정환, 「바로크와 네오바로크 — 근대성의 매혹과 환멸」, 『라틴아메리카연구』, 12-1, 한국라틴아메리카학회, 1999.12.
신정환, 「중남미 바로크 예술 — 건축을 중심으로」, 『라틴아메리카연구』, 13-1, 한국라틴 아메리카학회, 2000.6.
신정환, 「바로크와 환상문학: 의심의 시대와 의심의 미학」, 『외국문학연구』, 43, 2011 여름.
전용갑·신정환 외, 『라틴아메리카 역사 산책』, HUEBOOKs, 2018.
정경원·신정환 외, 『라틴아메리카 문화의 이해』, 학문사, 2000.
푸엔떼스, 까를로스, 『라틴아메리카의 역사』, 서성철 역, 까치, 1997.
하우저, 아놀드, 『문학과 예술의 사회사』 근세편 상, 백낙청·반성완 역, 창작과 비평, 1980.
Acosta, Leonardo, *El barroco de Indias y otros ensayos*, La Habana: Casa de las Américas, 1984.
Alatorre, Antonio, *Sor Juana a través de los siglos (1668-1910)*, México: UNAM/ Colnal/ Colmex, 2007.
Bayón, Damián, "Arquitectura y arte colonial de Hispanoamérica", Leslie Bethell (ed.), *Historia de América Latina 4*, Barcelona: Crítica, 1990.
Bergmann, Emilie L. & Stacey Schlau (eds.), *The Routledge Research Companion to the Works of Sor Juana Inés de la Cruz*, London and New York: Routledge, 2017.
Carpentier, Alejo, *Tientos y diferencias*, recopilado en *Ensayos*, La Habana: Letras Cubanas, 1984.
Giddens, A., *The Consequences of Modernity*, Polity Press, 1992.
González Echevarría, Roberto, "Sor Juana y la cosmología barroca: 'Primero sueño'", *Anales de Literatura Hispanoamericana*, vol.45, 2016, pp.287-300.
Leonard, Irving A., "From Baroque Times in Old Mexico", en Sor Juana Inés de la Cruz, *Sor Juana Inés de la Cruz: Selected Works*, Edited by Anna More, Trans. by Edith Grossman, New York: W.W.Norton & Company, 2016, pp.237-248.
Macías Angeles, Leticia & Luz Betty Arcila Buendía, *Literatura mexicana e iberoamericana*, Oxford University Press, 2008.
Maravall, José Antonio, *La cultura del Barroco*, Barcelona: Ariel, 1975.
Paladines E., Carlos, "Discurso indígena y discurso de ruptura", en Leopoldo Zea (comp.), *Quinientos años de historia, sentido y proyección*, México: Fondo de Cultura Económica, 1991.
Paz, Octavio, *Sor Juana Inés de la Cruz o Las trampas de la fe*, Barcelona: Seix Barral, 1989.
Perelmuter, Rosa, "Introducción: Lectura y lectores de Sor Juana en el siglo XX", Rosa Perelmuter (ed.), *La recepción literaria de Sor Juana Inés de la Cruz: Un siglo de apreciaciones críticas (1910-2010)*, New York: Instituto de Estudios Auriseculares, 2021.
Rousset, Jean, *Circe y el pavo real*, Barcelona: Seix Barral, 1972.
Samaniego, Filoteo, "Encuentro de culturas", en Damián Bayón (comp.), *América Latina en sus artes*, México: Siglo veintiuno editores, 1973.
Sor Juana Inés de la Cruz, *Obras completas de Sor Juana Inés de la Cruz I, II, III*, Edición, introducción y notas de Alfonso Méndez Plancarte, México: Fondo de Cultura Económica, 1994.

Sor Juana Inés de la Cruz, *Obras completas de Sor Juana Inés de la Cruz IV*, Edición, introducción y notas de Alberto G. Salceda, México: Fondo de Cultura Económica, 1994.

Sor Juana Inés de la Cruz, *Poems, Protest, and a Dream: Selected Writings*, Translated with notes by Margaret Sayers Peden, Introduction by Ilan Stavans, Penguin Books, 1997.

Sor Juana Inés de la Cruz, *Selected Works*, Edited by Anna More, Trans. by Edith Grossman, New York: W.W.Norton & Company, 2016.

Sor Juana Inés de la Cruz, *Ecos de mi pluma: Antología en prosa y verso*, Edición, prólogo, notas y cronología de Martha Lilia Tenorio Trillo, Penguin Random House, 2017.

Stastny, Francisco, "¿Un arte mestizo?", en Damián Bayón (comp.), *América Latina en sus artes*, Siglo veintiuno editores, 1973.

Tapié, Victor-Lucien, *El Barroco*, Buenos Aires: EUDEBA, 1963.

Tenorio Trillo, Martha Lilia, "Prólogo", en Sor Juana Inés de la Cruz, *Ecos de mi pluma: Antología en prosa y verso*, Edición, prólogo, notas y cronología de Martha Lilia Tenorio Trillo, Penguin Random House, 2017.

Weisbach, Werner, *El barroco, arte de la contrarreforma*, Espasa-Calpe, 1942.

Wölfflin, Heinrich, *Conceptos fundamentales en la Historia del Arte*, Espasa-Calpe, 1985.

로만세

Romance

―――――
로만세는 스페인의 전통적인 8음절 형식의 시로, 영어로는 발라드(ballad)에 해당한다. 짝수 행의 각운이 일치하는데, 자음까지 일치하는 동음운(同音韻, rima consonante)이 아니라, 모음 부분만 일치하는 유음운(類音韻, rima asonante)을 구사한다. 역자 생각에는, 동음운과 유음운 대신, 자음 각운과 모음 각운으로 부르는 것이 더 좋을 듯하다.

1

독자를 위한 서문

작가 자신이 쓴 이 서문은 다른 시들과 마찬가지로 급히 쓰이고 보내졌는데,
이는 작가의 고명한 후원자, 파레데스 여백작[1]께서
작품을 출판하라고 하신 명에 따른 것이다.
백작 부인의 보호를 받고 있던 처지로 인해, 작가는 자기 작품에
대한 권리가 없었고 심지어 자기가 쓴 원고 한 장 가지고 있지 않았다.[2]

저의 독자시여, 당신의 즐거움을

위해 바치는 이 시들 말이에요,

좋은 작품이라고들 하지만,

부족한 점이 많다는 걸 알아요,

    저는 그걸 입씨름하고 싶지 않고

읽으라고 굳이 권하고 싶지도 않아요,

자칫 관심을 끌기 위해

---

1   파레데스 여(女)백작은 본명이 마리아 루이사 만리케 데 라라 이 곤사가(María Luisa Manrique de Lara y Gonzaga, 1649~1721)로, 1680년부터 1686년까지 누에바 에스파냐 부왕령의 부왕(副王)을 지낸 제3대 라구나 후작, 토마스 데 라 세르다(Tomás de la Cerda)의 부인이었다. 그녀 자신도 스페인의 명문가인 파레데스 데 나바 백작 가문의 제11대 직계 백작이다. 스페인 중세 문학의 걸작인 「아버지의 죽음에 바치는 애가(Coplas por la muerte de su padre)」(1476)는 작가인 호르헤 만리케(Jorge Manrique)가 제1대 파레데스 데 나바 백작이었던 아버지 로드리고 만리케의 죽음을 추모한 작품이다.

2   시의 앞머리에 나오는 이 제사(題辭, epígrafe)는 소르 후아나의 첫 전기 작가인 카예하(Calleja) 신부가 쓴 것으로 추정된다.

하는 행동일 수도 있으니까요.
   당신의 칭찬을 바라지도 않습니다.
왜냐하면, 설사 좋게 보셨다 하더라도,
당신께 바칠 만한 가치가 없다고 본 것을
당신이 평가해 주실 의무는 없으니까요.
   만일 작품을 비판하고 싶으시다면,
오로지 당신 자유에 맡기옵니다.
제가 끝맺음할 자유가 있듯이,
당신도 결론을 내릴 자유가 있사옵니다.
   인간이 가진 지성보다
더 자유로운 것은 없지요.
그렇다면 하느님이 어기지 않은 것을
왜 인간인 제가 어겨야 하나요?
   작품에 대해 무슨 말씀이라도 주세요,
그것을 씹는 매정한 말일수록
저는 당신께 더 큰
빚을 지게 하도록.
   궁정 속담이 말하는 대로,
당신이 감칠맛 나는 요리를
(쑥덕거림과 함께) 즐긴다면,
오로지 저의 뮤즈 덕분인 것을.
   당신의 마음에 들건 아니건
저는 늘 당신의 충실한 종이오니,

만일 마음에 드신다면 즐기시고
그렇지 않다면 마음껏 욕하소서.
   굳이 변명을 말씀드리자면,
늘 급하게 글로 옮겨야 해서,
고치고 싶은 부분이 있어도
고칠 여유를 갖지 못했어요.
   여러 사람의 손을 빌리다 보니,
소년들이 쓴 어떤 글씨들은,
시의 의미에 상처를 남기고
언어의 주검이 되고 말았지요.
   그나마 제가 직접 글씨를 썼던 것은,
비록 짧은 동안이나마
눈코 뜰 새 없는 와중에
간신히 찾아낸 여가 덕분입니다.
   건강이 좋지 않고
계속 방해물이 생기다 보니,
이 말을 하면서도, 저는
경주마처럼 펜을 옮기나니.
   하지만 이 모두 부질없는 말,
제가 만일 천천히 썼다면
좋은 작품이 나왔을 것이라
허풍 떤다고 생각하신다면,
   그런 생각 하지 마시길,

작품에 생명을 부여한 것이
단지 명령에 따른
결과였을 뿐이니.
   당신이 믿고 싶은 대로고,
제게 죽고 사는 문제는 아니지요,
그러니 결론을 내리셔도 됩니다,
머리에 떠오르는 생각대로요.
   다만 하느님 가호를 빌며 말씀드리건대
이 모두가 전체의 견본일 뿐이니
혹시 한 부분이 마음에 들지 않는다고
치마 전체를 풀어 헤치지는 마옵소서.

24

출산한 아기가 세례를 받은 후 맞은
부왕(副王) 부인[3]의 생일을 경하하며

경애하는 리시,[4] 저는 원치 않았어라,

당신께 축하 인사 드리는 것은,

하느님이 당신께 아드님을 선물로 주셨으나

당신이 하느님께 봉헌하기 전까지는.

    부인이시여, 당신 신앙에서는

아기가 당신 것이 아니지요,

비록 당신 아름다움이 만든 것이나

아기는 먼저 주님의 것이지요.

    당신의 믿음을 말해 주는군요,

새로 탄생한 당신의 아기씨,

떳떳한 아기 마마를

당신은 '교회의 아들'이라 부르시니,

---

3   여기서 말하는 부왕 부인이란 앞선 시에서 언급된 파레데스 여백작이다. 그녀는 1683년 7월 5일 아들 호세 마리아 프란시스코를 낳았고 7월 14일 세례를 시킨다.

4   소르 후아나의 작품에 자주 등장하는 리시(Lysi)는 친구이자 후원자였던 파레데스 여백작의 별명이다. 일부 연구자들은 소르 후아나가 백작 부인에게 쓴 시와 편지, 그리고 호칭으로 볼 때 두 사람이 연인 관계였다고 주장하기도 한다. 그러나 당시 귀족에 대한 극진한 호칭은 일반적으로 통용되는 정상적인 것이었다.

비록 세상 빛을 보았으나,
은총의 빛[5]이 그를 비출 때까진
함부로 자연의 빛을
예찬하지는 마시옵길.
   은총 안에서 만세를 누리소서,
그리스도교의 순결함 속에,
받는 은총은 나날이 커지고
얻은 은총은 사라지지 않기에.
   당신은 보리라, 그분이 하신 일,
자비하시고 위대한 작품이로다,
알렉산드로스에게 올림피아스[6]가,
콘스탄티누스에게 헬레나[7]가 한 일이로다.
   무예와 학문이 만나
영웅적으로 합쳐지리라,
마르스의 월계관이요
미네르바의 올리브로다.
   조국의 영광을 드높이고
다른 이들의 부러움을 사리라.
그리고 아메리카는 그의 재능으로

---

5   '은총의 빛'이란 세례 성사를 통해 받는 은총을 말한다.
6   올림피아스(Olympias, BC 375~316)는 알렉산드로스 대왕의 어머니다.
7   헬레나 성녀(Saint Helena, 250~330)는 콘스탄티누스 대제의 어머니로서 로마 제국이 그리스도교 신앙을 자유화하는 데에 큰 역할을 하였다.

만국을 압도하리라.
    때가 되면 서방 세계에
고명한 혈통을 전하리라,
유럽의 그 많은 왕실 가문을
조국이 품으리라.
    아메리카여, 뽐내거라,
왕관 쓴 그 머리를,
멕시코 독수리여, 펼쳐라,
위대한 제국의 날개를.
    이교도 목테수마[8]의 위대함이
잠든 그 왕궁에서 이제,
가톨릭 신앙 세르다 가문[9]의
자손들이 탄생하기에.
    우리의 너그러운 큐피드가
용맹하고 아름답게 크게 하소서,
마르스와 비너스로 빚어졌으니
마르스와 비너스를 닮게 하소서.
    벨로나 여신[10]이여, 그에게 검을 주시고,
에로스여, 그에게 화살을 건네소서,

---

8   목테수마(Moctezuma, 1466~1520)는 아스테카 제국의 황제였으나, 스페인 정복자 에르난 코르테스(Hernán Cortés, 1485~1547)에 의해 구금된 채 무력하고 비참한 최후를 맞았다.
9   부왕인 토마스 데 라 세르다 가문을 말한다.
10   고대 로마의 전쟁의 여신이며, 그리스 신화의 에니오(Enyō) 여신과 동일시된다.

헤라클레스여, 그에게 몽둥이를 주시고,

아폴로여, 그에게 지혜를 주소서.

    이 새로운 알렉산드로스가 나날이 성장하고,

이 독실한 아이네이아스가 길이 살게 하소서,

이 새로운 폼필리우스[11]가 강건하고,

이 영웅적인 마이케나스[12]가 뛰어나게 하소서.

    그가 칠월(Julio)에 탄생한 것은

우연이 아니고 필연일지라,

그토록 위대한 왕자일지니

율리우스(Julio) 카이사르의 재림이라.

    상상 속에 그가 보이네,

어린 시절 유년의 나이

경본(Catón)을 읽고 있구나,

그다지도 카토(Catón)[13]를 닮았나니.

    로마에선 어른의 나이,

일찍이 그 나이에

소년 메달과 법복을 벗고

---

11 누마 폼필리우스 마르키우스(Numa Pompilius Marcius, BC 753~673)는 로물루스를 계승한 로마의 두 번째 왕이다.

12 가이우스 마이케나스(Gaius Maecenas, BC 68~8)는 로마 황제 아우구스투스의 충실한 조언자 역할을 했던 정치가이자 예술의 후원자였다. '메세나'라는 용어의 기원이 된다.

13 마르쿠스 포르키우스 카토(Marcus Porcius Cato, BC 234~149)는 로마의 정치가이자 문인이다. 현명한 카토(Cato Sapiens) 혹은 대(大) 카토라 불리며 증손자인 소(小) 카토와 구별된다.

성인 예복으로 바꿔 입었네.[14]

    그리하여 사람들은 그를 보리라,
용맹과 웅변술의 활약이
전쟁에서는 공을 세우고
학문으로는 영광을 높일지니.

    그리하여 온 세상이 보리라,
내갈기는 그 영명한 오른손을,
일필휘지의 펜과
광채 번쩍이는 검을.

    그리하여 그 이름 외치리니,
상반된 두 가지 소명이라,
지혜로 얻은 평화요
용맹으로 승리한 전쟁이로다.

    그리하여 박학하고 지혜로운
더 나은 율리우스로다.
자신의 연대기를 집필하며
빛난 업적 써 내려가리라.[15]

    그리하여 사람들은 보게 되리라,
새로운 경이로움의 세계를,

---

14   로마 귀족 자제들은 마법으로부터 자신을 지키는 메달(bula)과 별도의 예복(pretexta)을 착용했다.
15   로마의 절대 권력자 율리우스 카이사르가 자신의 『갈리아 원정기』를 쓴 것을 비유하고 있다.

갈수록 덧붙이고 덧붙여져
멕시코인으로 성장하는 모습을.
 그리하여 제 비록 목발 짚고라도
질긴 목숨 부지하고 있다면,
내 뮤즈가 그 명성에 덧붙이리라,
그의 펜과 말솜씨 본다면.
 이제 당신께 쓰는 펜을 놓으리니,
저의 긴 얘기도 끝맺음하리라.
늘 아기 옆을 지키시는 당신,
아기 마마 천세의 영광도 보시리라.

44

경애하는 갈베 백작 부인[16] 전하께,
멕시코 전통 자수를 놓은 신발과 초콜릿 선물을 동봉하며

부인, 장갑을 내던진다면
그건 결투의 신호,
신발을 던진다면
굴복의 몸짓이 되지요.
　타인의 손을 잡으려 한다면
대담함을 보여 주는 표시요,
발아래 무릎을 꿇는다면,
굴복한다는 표현이지요.
　하지만, 당신의 발아래,
이 원칙은 쓸모없는 것이죠,
그 본질은 올라가는데
소리는 내려가니까요.
　당신 발꿈치에라도 오르려 한다면
그건 너무 건방진 시도죠,

16　갈베 백작 부인(Condesa de Galve)은 1688년부터 1696년까지 누에바 에스파냐 부왕령의 부왕을 지낸 가스파르 데 라 세르다 이 멘도사(Gaspar de la Cerda y Mendoza)의 부인이다.

높이 올라가다 보면

코앞에 닥친 위험도 모른답니다.

    겁도 없이 태양 마차를

몰면서 불바다를 만든 사람[17]도,

밀랍 날개를 달고

불타는 태양에 도전한 자[18]도,

    몸소 겪은 추락의 징벌을

어찌 감히 전할까요.

자신들의 파멸도 여기

비하면 약과일 테니까요.

    그런데 저 역시 어딜 향해 날고 있나요?

저도 그들의 길을 따르는 것인가요,

저의 의도와는 정반대로

가는 길이 오락가락 꼬이네요.

    부인, 제가 드리고 싶은 말씀,

수시로 일어나는 기적이 더 이상

기적이라 할 수 없는,

저 성스러운 주교님의 축일,[19]

    술 한잔하며 기념하는 축제의 오늘,

---

17 그리스 신화에서 능력도 없이 헬리오스의 태양 마차를 몰다가 제우스의 번갯불에 맞아 죽은 파에톤을 이른다.
18 그리스 신화에서 밀랍으로 만든 날개를 달고 태양에 너무 가까이 가는 바람에 추락한 이카로스를 말한다.
19 이 글을 쓰는 날에 해당하는 한 성인의 축일을 말하는 것 같다.

이 선물, 비록 축복의 성물은 아니나,
자기 근본을 잊지 않으며 이렇게
새겼죠, "먼지로 돌아가라(pulvis es)".
   그리고 당신께 분명한 사랑을 보내네요,
당신의 경이로운 아름다움을
보고 깨닫게 되지요, 기적을 통해
성인이 당신에게 역사하셨음을.
   이 선물 비록 검소하지만,
그 주인과 비슷한 점이 있으니,
옛 속담 이르기를, 자기
가족 닮는 자 축복 있을진저.
   바로 그렇기에, 부인,
그토록 수줍고 조용하니,
이런 생각 들지요, 사랑의 신조차
아무도 몰래 떨어뜨려 놓았다고.
   선물이 평가되기 전까지
군소리 없이 잠자코 있어야죠,
심지어 맷돌조차도
비밀을 지키니까요.
   왜냐하면 진정한 사랑을 위해
당신에게 알리고 싶어서요,
큐피드가 있음을. 당신은
진정 아름다운 프시케[20]니까요.

그러나 누군지는 아시지 말기를,
그의 고상함을 칭송하기에
사람의 말은 부족하기 짝이 없고,
어리석은 수다가 될 수 있기에.[21]

당신께 봉사함은 당연한 일이고,
누구도 강요한 적은 없지요.
신세를 졌기에 갚는 것도 아니고
보상을 바라는 것도 아니지요.

당신은 저를 모르시기에,
그냥 간략한 인사를 드리어요,
주둥이는 굳게 다물고
얼굴에는 화장기가 없이요.

이렇게 저는 있으렵니다,
당신께 봉사하는 영광 통해
당신을 숭배하는 허영기
조금이라도 덜 수 있기에.

---

20 그리스 신화에서 큐피드(에로스)의 연인인 프시케는 연인의 얼굴을 확인하려는 무모한 호기심으로 인해 제우스 신의 분노를 사서 죽음과 같은 잠에 빠진다. 그러나 큐피드가 제우스에게 간청하여 용서받고 잠에서 깨어나 불멸의 여신이 된다.

21 작가가 이름을 감추고 있으나, 선물을 보낸 주인공은 누에바 에스파냐의 부왕이자 부인의 남편인 갈베 백작이다.

57

하느님 사랑을 몸소 느끼면서 어떤 위험도 무릅쓰고
그분의 연인으로 살기를 다짐하며

구원의 은총이 나를 일으켜
천국으로 이끌어 주시는데,
비천한 내 몸뚱이는
더 깊은 심연으로 나를 몰아넣네.
   덕행과 습성이
마음속에서 싸움을 벌이니
그 다툼만큼이나
마음은 고뇌하나니.
   덕행이 강하다고 하지만
나는 그의 패배가 두렵네,
습성의 완고함에 비하면
덕행은 너무도 부드럽기에.
   희미한 어둠 가운데
마음에 드리운 암흑의 그림자,
이제, 이성의 눈이 먼다면
과연 누가 광명을 줄 것인가?
   나는 자신의 사형집행인,

그리고 나 자신의 감옥,
죄수가 곧 간수임을
일찍이 본 적이 있으시오?
   나는 못 할 짓을 하고 있구나,
가장 감사드리고 싶은 분에게,
나의 못 할 짓은 또 다른
나의 죄를 불러오네.
   하느님을 사랑하고 그분을 느끼건만
나의 타락한 방종 때문에
그분의 위로는 십자가 고통으로,
항구의 구원은 폭풍우로 바뀌네.
   고통을 받으라, 하느님 뜻대로,
그 역시 은총의 신비라,
죄악이 고통이 될지언정,
고통이 죄악은 되지 않으리라.

애가

Endecha

애가(哀歌)는 행마다 보통 6~7음절을 가진 4행시들의 결합 양식을 말한다. 보통 짝수 행마다 유음운(rima asonante)의 각운이 있다.

77

번득이는 감각 속에 느끼는
부재와 무관심의 감정을 설명하며

다가선다, 그리고 물러난다,
나 말고 누가 볼 수 있을까,
눈앞의 부재에서
멀리 있는 현존을?
　불행한 나는 달아난다,
필리스[1]의 매정함을 피해.
아, 모든 것을 상실한
이의 괴로움이여!
　그토록 그녀를 숭배하기에
내가 겪는 고통의 와중에도
그녀의 매정함보다 더 아픈 것은
그녀를 잃어버리는 것.
　떠남으로써 나는 내가 가진

---

[1] 필리스(Filis)는 트라키아의 공주였는데, 트로이 전쟁을 마치고 귀환하던 테세우스의 아들이자 아테네의 영웅 데모폰과 사랑에 빠진다. 아버지를 도우려고 떠난 데모폰이 돌아오지 않자 필리스는 목숨을 끊은 후 아몬드나무가 되었으나 꽃이 피지 않았다. 뒤늦게 돌아온 데모폰이 나무에 입을 맞추자 비로소 잎이 무성해지고 꽃이 피었다고 한다. 이때부터 아몬드나무는 용서의 나무가 된다.

것만 잃는 것은 아니지,
당초 필리스가 내 것이 아니기에,
잃지 못할 것을 잃어버리네.
　무관심이 지혜로운 자에게
어찌 슬픔이 되겠는가?
그것으로 상을 받지 못한다면
슬픔의 이유도 될 수 없었을 테니!
　이렇게 내 운명 속에서
나의 추방을 분명히 보면서,
잃는 것이 적다는 이유로
더욱 나를 무시했다.
　아! 필리스여, 누가 네게 그토록
교묘한 방법을 가르쳤는가,
그 냉정함에 일말의 동정도
입히지 않는 방법을?
　나는 너의 빛이 닿지
않는 곳으로 물러나리라,
나의 불운조차 너의 무관심에
선물로 가지 않도록.

정통 애가

Endecha real

―――――
정통 애가는 6~7음절의 세 행과 11음절의 마지막 넷째 행이 섞여 있는 형식을 말한다. 애가의 주제가 주로 슬픔인 데 반해, 정통 애가의 주제는 자유로운 편이다. 정통 애가는 영웅 애가(endecha heroica)라고도 한다.

82

사랑스러운 존경심의 표현: 라구나 후작 부인을 자신의 것이라 지칭하는 의미를 얘기함

나의 신성한 리시,
용서하세요, 감히
이렇게 부르다니,
하나 내 이름은 불릴 가치조차 없으리니.
　난 믿지요, 당신을 이리
부르는 게 만용은 아님을,
당신은 천둥과 벼락의 힘으로
언제든 내리칠 수 있으니까요, 나의 불손함을.
　언어적인 착시랍니다,
소유격을 쓰는 이가
지배하는 자란 믿음은.
그것은 오히려 종들이 소유하는 것이라.
　신하는 말하죠, 저의 국왕 폐하,
죄수는 말하죠, 나의 감옥,
아무리 비천한 노예라 해도,
조금의 불손함도 없이 말하죠, 자기의 주인님이라고.
　그렇기에 내가 당신을 나의

리시라 부르는 건 당신이

내 것이라 떠드는 게 아니어요,

오히려 내가 당신의 것이 되기를 갈망할 뿐이니.

 당신을 본 것으로 충분해요.

불이 난 것을 얘기할 때,

원인을 찾으면 되지요,

굳이 결과를 덧붙여 탓한들 무슨 소용 있나요.

 당신의 높은 지체를 보면서도

내 만용은 줄어들지 않네요.

이렇게 하늘 높은 줄 모르고

사람 생각이 날아다니니 하느님조차 안심하지 못하네요.

 더 훌륭한 여인들 있을지 몰라도,

하늘 높은 곳에서 굽어보니

가장 높은 산봉우리와

가장 낮은 계곡의 도토리 키 재기에 지나지 않으리니.

 하여튼, 당신 사모하는

내 죄를 고백하오리다.

혹여 처벌을 원하신다면,

그 벌조차 제게는 큰 상이 되오리다.

레돈디야

Redondilla

레돈디야는 보통 8음절로 이루어진 4행시 모음의 형식이다. 첫 행과 마지막 행, 둘째 행과 셋째 행이 유음운이나 동음운으로 같은 각운을 이룬다(abba).

84

사랑의 비논리적 현상을 논리적으로 설명함

내 가슴속에 불어닥친
이 사랑의 폭풍우야,
그 느낌은 강렬하지만
왜 그런지는 모르겠네.
　바람기가 들었는지
깊은 고뇌 찾아오니,
열망으로 시작해
고통으로 끝나네.
　가장 행복한 때임에도
내 불행에 눈물짓네,
내 슬픔을 잘 알고 있으나
왜 그런지는 모르겠네.
　열망하던 기회가 오니
참기 힘든 내 욕망,
막상 가까이 그녀를 보니
내 스스로 손을 뿌리치네.
　수많은 불면의 밤 끝에
그 기회 찾아와도,

걱정도 팔자라 김을 빼고
소심한 겁쟁이라 주저앉네.
    때로는 두려움 떨치고
기회를 잡아 보지만
조그만 변화에도
수포가 되는 모든 노력.
    쓸데없는 걱정으로
좋은 일에도 불편 느끼고,
내가 찾던 사랑에도
초연한 척해야 하네.
    사소한 일조차도
내 맘에 동요 일으켜,
온갖 난관 이겨 내도
말 한마디에 분노하네.
    사랑 감정 빠진 채,
별 불편한 이유도 없이,
목숨 걸린 문제인데
사소한 부탁도 거절하네.
    이미 상처받고 분노에 차
나는 상반된 분노와 싸우네,
그로 인해 큰 고통 겪으리라,
그와 함께면 아무 일 없으리라.
    이런 현상 일어나면

무슨 논리 통할쏘냐,
그로 인해 심각한 것도 가볍고
그와 함께면 가벼운 것도 심각하리니.
   확실한 근거도 없이
나의 슬픈 근심은
잘못된 판단과
산더미 같은 감정을 형성하네.
   그 거친 판단과 감정 속에
그것이 무너질 때, 알아차리네,
그 높은 장치 떠받치는 것
단지 한 점에 불과했음을.
   아마도 고통이 나를 속여
짐작하네, 이유도 없이,
그 어떤 만족감조차도
내 분노 진정시키지 못하리.
   싸움으로 이끌고 가는
모욕감 연구해 보니
농담과 놀이로 끝나는
철부지 아이의 응석.
   내 비록 환멸을 겪을지라도
같은 걱정과 맞서 싸우네,
그토록 사소한 것 때문에
그토록 고통에 시달림을 보며.

아마도 모욕당한 영혼
복수를 위해 달려들고,
이후 회개한 영혼은,
내게 다른 복수 감행하네.
   내가 그 수모 감당하는 것은
그만큼 애매한 실수이기에,
가혹하게 받아들이지 않는 것,
그리고 좋은 말로 수습하는 것.
   심지어 부주의한 입술조차
때때로 입이 비뚤어지며,
거만한 말 찾다가
기어들고 말지.
   혹여 꿈속 잘못으로
아무리 분노가 일더라도,
죄를 지탄하는 만큼
용서의 길을 찾는다.
   악을 피하되 선을 찾지도 않아.
왜냐하면, 내 복잡한 실수 속에,
내겐 사랑도 확실치 않고
경멸도 억울하지 않으니.
   속임수와 함께 처한
내 맹목적 바람기에서,
환멸을 간청하나, 진정

마주치길 원치는 않네.
   누군가 내 넋두리를 듣는다면,
더 하라고 강요해 주시길,
동감하기 위해서가 아니라
잘못을 일깨우기 위해.
   왜냐하면 정열에 휩싸여 내가
사랑에 반하는 말을 한다면,
내게 이성을 주는 이는
나의 가장 큰 적일 테니.
   혹시라도 내 이득 위하여,
적절한 구실 찾는다면,
정의가 내 길을 막고 나는
권리를 줄곧 양도할 터이니.
   결코 내 취향 채워지지 않으리,
왜냐하면, 위안과 고통 사이,
사랑에서 잘못 찾고
망각에서 변명 찾으니.
   지속되는 나의 이 아픔
그 무언가 사나운 고통,
하지만 입 밖에 내지 않네,
한때의 광기로 지나갈 테니.
   이 어지러운 실수에서 만일,
내가 모순된 말을 한다면,

사랑하는 사람이면 이해하리,
내가 진정 말하고 싶은 것.

91

침묵을 깨라는 계율의 명을 받아, 침묵을 변명하며

부인이시여, 혜량해 주세요,
저의 이 침묵을,
저의 예의상 배려가
당신에게 천박해 보였다면.
    그래도 용서하지 못하시겠죠,
지금까지의 제 행동을,
단지 제 감정에 몰입되어
해명할 생각조차 잊었으니.
    제 사랑의 열정이
식어 버리거나 게을러진 게 아니랍니다,
다만 혀가 할 일을 빼앗아
심장에 전달해 주었을 뿐.
    관심을 거둔 것도 아니지요,
제게 있는 사랑의 열정은
여기 제 영혼에서 당신을 볼 수 있고,
제 영혼에서 당신께 말을 건네니까요.
    그리고 이렇게 생각하며
저는 행복하게 지냈어요,

상상 속에서 호감 어린
당신의 눈길을 상상하면서.
 이리도 희한한 마음으로
헛된 희망에 매달렸지요,
당신을 신성시해야만
내 곁의 사람이 되니까요.
 아, 급기야 정신 나간 저는
행복한 당신 사랑에 안겼어요.
비록 상상 속이지만 당신의
애정이 저를 미치게 했어요!
 아, 아름다운 당신의 태양 속에 어떻게
애끓는 제 열정이 불살라졌나요.
그 빛나는 열기에 빠져서
절박한 위험도 보이지 않았네요!
 순수한 당신 정열에 무모하게
접근한 제 무모함을 용서하세요,
생각의 잘못이 도피할 수 있는
안전한 성역이란 없으니까요.
 저의 정신 나간 희망은
이런 식으로 엇나갔고,
제 마음 깊은 곳에서
욕망을 선의로 포장했어요.
 하지만 엄중한 당신 계율이

말 없는 제 침묵을 깨뜨리지요,
제가 품고 있는 유일한
존경의 열쇠인 그 계율이.

   당신 아름다움을 사랑하는 것이
용서받지 못할 죄라 하지만,
벌을 청합니다, 미지근한 사랑보다는
아름다움을 외면한 죄목으로.

   그때가 되면, 엄숙한 부인이여,
사랑을 고백한 이 동정하지 마세요,
진정한 불행에 빠진 것이 아니라
행복한 조롱의 대상이 될 터이니.

   만일 저의 불경죄를 탓하신다면
당신의 힘도 역시 탓해야 할 터,
만일 제 복종이 잘못된 것이라면
당신 명령 역시 옳지는 않을 터이니.

   만일 저의 의도가 잘못이라면
저의 애정은 무간지옥일 터,
왜냐하면 당신을 사랑한다는 죄
결코 후회하지 않을 터이니.

   이 모두가 저의 심정
무어라 더 설명할 수 없지요,
하지만 침묵의 대상인 당신은
침묵의 내용을 짐작하시겠지요.

92

자기들이 유발한 것을 여성들에게 뒤집어씌우는 남자들의 위선적인 비난과 취향을 통박함[1]

아무 이유 없이 여자를
비난하는 비열한 남자들,
진정 모르는가, 당신들이
바로 원인의 제공자임을.
 그토록 철저하고 집요하게
경멸을 드러낼진대,
악행의 길을 부추기면서 어찌
그들의 좋은 행실을 바라는가?
 완강한 저항을 꺾어 버리고는
심각하게 말하지, 그것이
집요한 강요가 아니라
여자의 바람기 때문이었다고.
 그것을 용기라 하고 싶겠지만
미치광이 같은 그 모습은,

---

[1] 소르 후아나의 가장 널리 알려진 작품 가운데 하나로서, 당대의 남성중심주의를 신랄하게 통박하는 철학적 풍자시(sátira filosófica)다.

자기가 만든 만성절 호박 등불에
깜짝 놀라는 아이와 같지 않은가.
　천박함을 자랑하며
애타게 찾고 있지,
하룻밤 상대로는 타이스,[2]
평생 소유로는 루크레시아.[3]
　참으로 이상한 성격 아닌가?
선량한 충고 무시하고는,
자기가 거울에 먹칠하고서
그것이 더럽다고 흉을 보네.
　호의나 냉정함이나
당신들에게는 똑같구나,
매정하게 대하면 불평하고
호의를 베풀면 농락하니.
　그 여자가 누구든 상관없어,
아무리 조신한 여인이라도,
당신들 거부하면 배은망덕,
받아들이면 경박하다 하니.

2 　여기서는 두 명의 타이스를 언급할 수 있다. 먼저, 고대 알렉산드리아의 유명한 창녀로서 결국 그리스도교에 귀의하여 성녀가 된 사람이고, 다른 하나는 아테네 출신의 궁녀 혹은 창녀로서 알렉산드로스 대왕의 총애를 받아 아시아 원정에 동행했으나 왕이 세상을 떠나자, 이집트 프톨레마이오스 왕조를 창건한 라고스와 결혼한 여인이다.
3 　고대 로마 제국 시대의 대표적인 현모양처. 왕자에게 겁탈당한 후 명예를 지키기 위해 자결한다.

그토록 비열하게 처신하며
언제나 비난만 하는구나,
한편으로는 냉정하다고
다른 한편으로는 헤프다고.
　　당신들이 구애하는 그 누가
그 변덕에 맞추겠소?
쌀쌀맞으면 화를 내고
잘 받아 주면 모욕하니.
　　제멋대로 발산하는 그대들
분노와 모욕 사이에서,
그 사랑 사양하는 여인 있을진저
그 또한 불평하겠지.
　　여인들 자유의 날개에
자기들이 고통을 달아 놓고,
여인들이 빗나가게 한 다음
덕행을 찾으려 하는구나.
　　어긋난 정열의 불장난에
더 큰 잘못은 누구인가?
유혹에 넘어가는 여인인가,
유혹해 넘어트리는 남자인가?
　　만일 모두의 잘못이라면
과연 누가 더 큰 죄인인가,
대가를 치르기 위해 죄짓는 여인인가,

죄짓기 위해 대가를 치르는 남자인가?
　그렇다면, 무슨 죄에 대해
당신들은 그리 겁을 내는가,
당신들이 만든 것을 사랑했기에?
혹은, 사랑할 수 있도록 만들었기에?
　이제는 그만 징징대기를,
그래야 이제 이성을 되찾아,
그대들을 유혹하려는 여인의
열정을 나무랄 수 있으니.
　당신들 오만에 맞서는 나
많은 무기를 준비하고 있을 터,
악마와 살덩이로 세계를 덮으려는,
헛된 망상에 빠진 끈질긴 당신들.

에피그램

Epigrama

르네상스 시대에 유행한 에피그램은 풍자적이거나 유희적인 단일 주제를 기발한 형식을 통해 표현한 짧은 시 장르로서 아포리즘 혹은 경구와 비슷하다.

93

자신의 미모를 뽐내는 여인을 비웃는 풍자시

레오노르, 사람들이 당신 미모에
박수를 보낸다고 말하지,
정숙한 처녀라서 보내면 금상첨화,
당신 얼굴이 그것을 보증해 주네.
　하지만 자랑은 하지 마, 사람들이
절세미인 앞에 넋을 잃는다고.
혹시 그들이 박수를 보낸다면
귀신 앞에 놀랐기 때문이니.[1]

1　'야자수'와 '승리의 월계관'이라는 두 가지 뜻을 갖는 'palma'와, '코코넛'과 '부기 맨'의 두 뜻을 갖는 'coco'를 이용한 중의법(dilogía)의 말장난을 구사한다.

94

고귀한 주당 가문의 핏줄을 발견하며

알페오, 사람들에게 말한다지,
너의 족보로 말할 것 같으면,
왕족의 핏줄이라고. 나도 믿어,
네 집안이 뼈대 있는 집안이라고.
　그런데 그 잘난 왕족 가문에 걸리는
모든 이에게 시비를 건다지. 그러니
네 조상은 검을 찬 주군의 왕족이 아니라,
술병을 찬 주당의 왕족이었던 거야.

95

안약이 필요한 시건방진 친구에게

만일 아버지를 선택할 수 있다면,
나는 그렇지 않지만,
적통의 아버지가 없는 것이,
큰 결점이 될 수도 있겠지.[2]
   하지만 너는 자애로운 어머니가 있잖아,
수많은 아버지의 상속인이 되게 하니,
네가 할 일은 그냥 선택하는 것,
가장 많이 물려주는 사람을.

---

2   소르 후아나가 자신의 사생아 논란에 대해 '적통의 아버지'를 가지고 있다고 응수하는 대목이다.

96

신식 군대 대위에게 주는 도덕적 충고

대위님이 돈 후안이 되어 버렸네.
하지만 내가 바라는 게 있다면,
대위가 되기 전에
인간 되기를 배우는 것.[3]
   내가 걱정하는 이유가 있다면,
그토록 대담하게 설치다가
말고삐 잡는 법도 모른 채
말 위에 올라타려 할까 봐.

---

3   '개혁하다'와 '해고당하다'의 두 가지 뜻을 가진 단어 'reformado'를 이용한 중의법의 말장난.

10행시

Décima

―――――
대개 8음절로 이뤄진 10행시의 시 장르. abbaaccddc의 동음운(rima consonante) 각운을 가진다. 스페인 황금 세기의 사제이자 작가인 비센테 고메스 마르티네스 에스피넬(Vicente Gómez Martínez Espinel, 1550~1624)이 형식을 완성시켜서 '에스피넬 10행시'라고도 한다.

102

한 인물에게 초상화와 함께 보낸 10행시

나의 원본인 그녀가
나를 당신 손에 보냈지요.
그러니 복사품을 보겠지만
진품은 못 보시겠군요.
그러나 모두 내게 담겼지요,
당신께 향하는 그 사랑,
그러니 평온과 침묵 중에
나를 보고 안심하세요.
나의 원본은, 당신을 위해,
자기 영혼을 벗어 주었으니.
   나의 여행과 행운에
시기심이 드는 그녀는
얼마나 괴롭고 슬플까요,
나는 얼마나 행운아인가요.
분명한 사실이지요,
큰 행운의 표지와 별자리가
나와 함께한다는 것.
비록 붓끝에서 태어나

그녀보다 수명은 짧지만
나의 행운이 더 크군요.
   하지만 혹시 행운이 다하여
당신이 나를 구박한다면,
그 꼴을 보지 않기 위해
차라리 생을 마치겠어요.
사랑받지 못하는 상황은
그토록 난폭한 것이라
그려진 존재조차도
고통의 위력을 느끼지요.
고통은 영혼에 그 느낌을
부어 버릴 줄 아니까요.
   만일 제게 영혼이 없는 것이
당신께 불편하다면 부어 주세요,
당신 안에 있는 수많은 것
가운데 어떤 것 하나라도.
제가 영혼을 당신께 드렸기에
내 존재 자체가 당신 것이니까.
비록 내 무감각한 정적에
당신이 놀랄지라도,
당신은 내 몸의 영혼이요
내 그림자의 몸이지요.

107

말수 없는 사람의 변명을 말로 논박함

침묵의 죄를 당신들은
애써 눈감으려 하지요,
그리고 이렇게 말하면서
스스로 합리화해요,
수많은 말을 내뱉으면서
죄가 더 확실해졌다고.
그러니, 그토록 신중하게
말하는 사람이 분명히 보여 주어요,
침묵이 불가피한 사정이 아니라
그것 역시 집착의 소산이라는 걸.
   침묵을 지킨 이유가
신중함 때문이라 변명한다면
당신들은 내게 상기시켜요,
침묵 때문에 내가 잃어버린 것.
침묵을 보았던 그날의 느낌,
그 슬픔을 당신들이 커지게 하네요.
그날 당신들을 보았으나
말을 듣지 못했던 그 고통,

침묵만 쫓다 보니 헤아릴 수 없어요,
내가 잃은 것이 얼마만큼인지조차.

109

신중하고 용감한 대위에게

내가 생각건대, 당신의 깃털은
용기와 학식의 표시죠,
다만 잘 모르겠네요, 그것이
투구의 깃털인지 펜의 깃털인지.
당신의 문장(紋章)이 말해 주네요,
무장한 학식과 학식 높은
용감함이 공존한다고.
그 말을 이렇게 요약해 볼까요,
당신의 칼은 당신 펜을 깎았고
그 펜은 당신 칼을 노래했다고.

126

파레데스 백작 부인을 새겨 넣은 반지를 노래하며

자랑스러운 내 사랑
새겨 넣은 이 초상화
가슴 속에 품은 것을
그 손마디에 겹쳐 놓았네.
그 존재의 완벽함, 이 작은
가슴으로 표시할 수 없으나
애정은 저절로 돋아나네.
가락지에 그 애정 담겼으니
그것은 진실로
마음의 징표라.[1]

---

[1] '가락지'와 '징표'라는 두 의미를 갖는 단어 'índice'를 이용한 중의법의 말장난.

130

평범하지만 애정이 담긴 선물의 가치

리시, 당신의 신성한 두 손에
가시 달린 밤송이 드려요,
장미꽃 만발한 정원에
가시가 빠지면 안 되니까요.
그 까칠함을 받아들이고
기꺼이 당신 취향 맞추신다면,
용서하세요, 그 선물 드린
저의 짓궂은 마음을.
그래도 밤송이를 까야
맛있는 알밤이 나오지요.

132

마지막 손길을 머뭇거리며,
아름다운 여신의 초상화를 묘사함

윤기 나는 이마와 황금빛 머리칼,

아치형 눈썹과 사파이어 눈동자,

빛나는 얼굴과 붉은 입술,

오뚝한 콧날과 상아로 빚은 목덜미,

날렵한 몸매와 우아한 몸짓,

백옥 같은 손등 위로 보이네,

사랑의 여신 아모르[2]의 왕홀(王笏)이.

금박 입힌 신발을 신은

필리(Fili)의 아담한 발

한 걸음[3] 사뿐히 지르밟네.

2   큐피드를 지칭한다. 그리스 신화의 에로스에 해당한다.
3   '발'과 '1피트'라는 두 의미를 갖는 'pie'를 이용한 중의법의 말장난.

소네트

Soneto

―――――

소네트는 중세 이탈리아에서 비롯된 대표적인 정형시로서 두 개의 4행시와 두 개의 3행시로 구성된 14행시다. 주로 11음절을 구사한다. 16세기 이탈리아에서 스페인으로 전파된 소네트 양식은 사랑과 도덕의 주제를 다루며 크게 유행한다.

145

초상화에게

네가 보는 이것, 색깔의 속임수,
가식적인 색깔의 조합을 통해
예술적 아름다움을 뽐내며
교묘하게 감각을 속이네.
   이것은 달콤한 말로 세월의
공포를 벗어나려 하고,
시간의 횡포를 무찌르며
노화와 망각에 맞서 싸우네.
   하지만 모든 공이 헛되나니,
바람 앞의 연약한 꽃 한 송이,
운명 앞의 부질없는 피난처.
   그것은 빗나가 버린 우둔한 노력,
허망한 헛수고, 설사 좋게 보더라도
시체, 먼지, 그림자, 그리고 무(無).[1]

---

[1] 소르 후아나의 대표적인 소네트 작품으로 꼽히는 이 시는 명백하게 스페인 바로크 시인 루이스 데 공고라(Luis de Góngora)의 영향을 받은 것이다. 특히 마지막 행의 "es cadáver, es polvo, es sombra, es nada"는 공고라의 "En tierra, en humo, en polvo, en sombra, en nada(흙으로, 연기로, 먼지로, 그림자로, 무(無)로)"를 본뜬 것으로 보인다.

146

악습에 기울고 뮤즈와의 유희를
즐기는 자신의 운명을 한탄함

세상이여, 왜 나를 못살게 하는가?
아름다움 좇아서 머리를 쓰지 않고
아름다움 논하려 머리를 썼을 뿐,
그것이 너를 화나게 했는가?
   나는 보물도 부귀영화도 별로네,
내게 더 큰 만족을 주는 것은
부귀영화에 생각을 쏟는 게 아니라
내 생각을 더욱 부유하게 하는 것.
   나는 아름다운 미모도 별로네,
나이 먹으면 빼앗기는 덧없는 것,
눈을 속이는 부유함도 사절하네,
   그보다 변함없이 하고 싶은 것은
헛된 일에 인생을 낭비하지 않고
인생을 위해 허영기를 없애 버리는 것.

147

장미꽃과 그 비슷한 존재들에게 하는 도덕적 훈계

오, 신성한 장미여, 고상하게 피어나
향기로움과 우아함을 뽐내는 너는
자줏빛 옷감 걸친 미의 여왕,
아름다움에 내려앉은 티 없는 모범.
   하지만 네게 예감되는 피조물의 운명,
부질없는 우아함의 표본,
그 존재 안에 자연이 합쳐 놓았네,
행복한 요람과 슬픈 무덤을.
   허세 속에 넌 얼마나 우쭐댔던가,
얼마나 거만하게 죽음을 경멸했던가,
그러고서 얼마나 주눅 들고 풀 죽었나,
   지혜로운 죽음과 더불어 우둔한 삶 속에,
살면서 속이고 죽으며 가르침 주면서
덧없는 네 존재에 우울한 흔적 남기네.

148

노년의 치욕 없이 아름다운 죽음을

셀리아[2]가 보았네, 초원의 장미꽃 한 송이
행복하게 자랑하네, 덧없는 화려함,
그 화사한 얼굴에 즐겁게
주홍색과 진홍색 화장을 하네.
   이렇게 말했네, 운명의 신을 무서워 말고,
즐겨라, 싱싱한 청춘은 곧 지나가니,
내일 죽음이 온다 해도 오늘 즐긴 것
빼앗지는 못할 것이니.
   비록 죽음이 일찍 찾아와
향기 내던 삶과 이별한다 해도
아름다운 요절을 아쉽다 말아라.
   경험상 네게 충고하는데,
노년의 치욕 보지 않고
아름답게 죽는 것도 행운이니.

---

2   여기서 셸리아(Celia)는 목가적으로 이상화된 여인 혹은 시인 자신으로서, 구체적 주변 인물을 지칭하는 것 같지는 않다.

149

죽음까지 지속될 상태를 순순히 받아들일 것인가

만일 사람들이 바다의 위험을 염두에 둔다면,
아무도 배에 오르지 않으리. 만약 그들이
미리 자신의 위험을 예견한다면, 아무도
감히 사나운 황소에게 도발하지 않으리.
  만일 고삐 풀린 말이 거칠게 질주하며
내뿜는 난폭한 분노를 생각해 본다면,
신중한 기사라면 재갈을 물리며
그놈을 멈춰 세우려 하지 않으리.
  그러나 명백한 위험에도 불구하고
그처럼 대담한 사람이 있어서, 대담한
손으로 광채에 휩싸여 빠르게 질주하는
    아폴로의 전차마저 제압해야 한다면,
그는 기꺼이 나설 것이고, 마지막 날까지
주어진 삶을 순순히 받아들이지 않으리.

164

눈물의 표현을 통해 질투와 의심을 논박함

내 사랑, 오늘 오후 당신에게 말하면서
그 얼굴과 행동에서 볼 수 있었죠,
말로는 당신을 설득할 수 없음을, 그래서
당신께 내 마음을 열어 보이고 싶었죠.
   사랑의 신이 나의 염원을 도와주어
불가능해 보이던 것을 극복했어요,
슬픔이 쏟아 낸 눈물 가운데
찢긴 가슴은 여과되어 버렸죠.
   내 사랑이여, 이제 고통은 그만,
질투의 폭군이 이제 당신 놓아주길,
고얀 망령과 허망한 단서에 사로잡힌 채,
   사악한 의심이 평온 깨트리지 않길.
이미 당신은 내 체액 속에, 찢긴 가슴
보고 만지며, 두 손에 받아 보았으니.

165

기품 있는 사랑을 만족시키는 환상

멈추어라, 새침데기 사랑의 그림자여,
그 마법의 이미지를 너무도 사랑하네,
그 아름다운 꿈을 위해 기꺼이 죽는다네,
그 달콤한 거짓말 때문에 힘들게 산다네.
  만일 자석 같은 그대 매력에 내 가슴이
고분고분한 쇳덩이가 된다 해도,
곧 나를 조롱하고 달아날 그대가
살랑대며 구애하는 이유는 무엇인가?
  그대의 난폭함이 나를 이긴다 해도
결코 만족스럽게 자랑할 수는 없으니,
그대 환상적인 외모가 동여매 놓은
  가느다란 매듭을 비웃는다 해도,
일단 그대를 내 생각의 감옥에 가두면
내 팔과 가슴을 벗어날 수 없으리.

168

한 가지 생각에 매달리며, 감성보다는 이성을 택하네

나를 버린 변덕쟁이 남자, 그 사랑을 좇네,
변덕쟁이 내가 버린 남자, 나를 쫓네,
변함없이 흠모하네, 내 사랑 박대하는 그대,
변함없이 박대하네, 나를 흠모하는 그대.
　내 사랑이 갈구하는 그대는 내게 다이아몬드,
내 사랑을 갈구하는 그대에게 나는 다이아몬드,
내 사랑 죽이는 그의 도도함을 보고 싶고,
내 도도함을 사랑하는 그의 사랑 죽이네.
　이 사람 받아 주면 내 소망을 잃어버리고,
그 사람에 매달리면 내 체면 구겨지네,
모두를 취하자니 불행의 길이로다.
　어차피 내게는 모두가 가혹한 선택이구나,
내가 사랑하지 않는 이를 택하자니 괴로운 노릇,
나를 사랑 않는 사람을 택하자니 비참할 노릇.

172

치명적인 상처의 괴로움

치명적인 상처의 괴로움과
사랑의 모욕으로 비탄에 빠진 채,
죽음이 어른거리는 모습에
어서 오라, 빌고 또 빌었다.
   영적 쾌락 속에 모든 악이 있으니,
하나하나 차곡히 고통을 쌓는다,
언제나 무겁게 나를 짓누르는 것은
하나의 삶에 넘치는 수천 개의 죽음.
   고통이 나를 내리칠 때마다,
괴로운 가슴은 무너져 내리고
마지막 한숨을 힘겹게 내쉰다.
   어떤 운명이 은혜를 베풀어,
제정신 돌아와 묻는다. 난 무엇을 바라는가?
나 같은 사랑의 행운아가 또 있었던가?

187~189

고귀하신 만세라 후작 부인의 서거를 애도하며[3]

I

라우라의 아름다움에 마음을 빼앗긴

하늘이 그녀를 빼앗아 높은 곳에 앉혔으니,

그 순수한 빛으로 저속한 이 세상 골짜기

비추기가 적절치 않았음이로다.

  아니면, 아름다운 건축물인 그녀의 몸에

착각을 일으킨 죽을 운명의 인간들이

극도의 아름다움을 보고 매혹되어

자신의 행운을 깨닫지 못했던 것인가.

  동녘이 진홍빛 베일을 드리우고 불그레한

별들이 탄생하는 곳에서 태어난 그녀가

잠들었도다, 불타는 열망과 함께.

---

3 만세라 후작 부인(Marquesa de Mancera, 1616~1673)은 누에바 에스파냐 부왕을 지낸 만세라 후작(재임 1664~1673)의 부인으로서 본명은 레오노르 마리아 델 카레토(Leonor María del Carreto)이다. 소르 후아나의 대표적인 후원자였다. 소르 후아나는 그녀에게 바친 네 편의 시에서 후작 부인을 라우라(Laura)라고 칭한다. 라우라는 이탈리아 시인 페트라르카(Petrarca)가 짝사랑한 여인이자 그에게 시적 영감을 준 뮤즈다.

깊은 바다가 그 빛의 무덤을 마련한 곳에,

그녀의 신성한 비상을 위해 필요했구나,

태양이 세상을 한 바퀴 돌아오는 것이.[4]

II

라우라의 아름다운 결합이 갈라지네요,

불멸의 영혼, 영광스러운 정신,

그토록 아름다운 몸을 왜 버렸나요?

그 어떤 영혼을 위해 이별을 고했나요?

   하지만 그토록 모진 이별을 겪는

이유를 저는 이해할 수 있지요,

마지막 날 당신은 환희 속에

영원히 재결합할 수 있을 테니까요.

   이제 빨리 오르세요, 복된 영혼이여,

눈부신 미모의 감옥에서 빠져나와,

고운 화장은 눈송이로 날려 버리고,

   어서 올라 샛별의 왕관을 쓰세요,

모든 천상 만물이 고대하고 있어요,

하늘에 마련할 당신의 보금자리를.

---

4   후작 부인이 동쪽 스페인에서 태어나 서쪽 아메리카 대륙에서 세상을 떠난 것을 말한다.

III

라우라, 당신의 죽음과 함께 죽어 가네요,
헛되이 당신을 흠모했던 그 애정들,
당신을 보고 매혹되었던 그 눈동자들,
한때 우리를 비춰 주었던 아름다운 빛조차.
   내 불행한 리라도 죽어 가요, 당신이 불어넣은
그 메아리는 당신을 애도하며 절규하지요,
심지어 비뚤비뚤한 이 글씨체마저
슬픈 펜이 흘리는 검은 눈물이군요.
   죽음의 신마저 깊은 동정을 표하는군요,
자기 신세를 한탄하며 당신을 원망해요,
사랑의 신 역시 쓰라린 운명을 탄식하죠,
   한때 당신을 차지할 열망에 사로잡혀,
당신을 바라보는 눈을 갖길 열망했지만, 이제
당신을 위해 울어야 하는 눈이 되었으니까요.

리라

Lira

―――――――

리라는 보통 다섯 행의 연이 이어진 시 형식으로 스페인 운율과 이탈리아 운율이 결합한다. 즉 세 행은 7음절로, 두 행은 11음절로 이루어진다. 그러나 여기 소개하는 소르 후아나의 리라는 6행시로서 7-11-7-11-11-11음절로 구성된다.

212

최상의 언어로 질투심을 달래는 시

파비오,[1] 당신 명령에
나는 죽음을 선고받았지요.
토를 달지 않겠어요,
분노의 처벌에, 피하지도 않고요.
그러나 들어 줘요, 아무리 큰 죄를 지어도
고백을 거부당하는 법은 없으니.
　사람들이 말했다 했지요,
내 마음이 당신에게 모욕을 가했다고,
그래서 잔인한 선고 내렸다고.
굳어 버린 당신의 마음을 사실보다는
불확실한 소문이 사로잡아 버렸군요,
그 수많은 진실의 경험을 잊은 채.
　당신이 남을 믿었다면,
파비오, 왜 자신의 눈은 믿지 않나요?
왜 순리를 거스르고

1　파비오(Fabio)는 특정 인물이 아니라 사랑의 시에서 연인을 상징하는 것으로 작가가 상정한 이름이다.

내 목에 올가미를 거는 것인가요?

혹독한 심판에는 자유로우면서

관대한 호의에는 인색만 하네요.

    타인에게 눈길이라도 줬다면,

파비오, 그 불타는 눈동자로 날 죽여요,

타인에게 호의를 기대했다면

당신의 분노를 사정없이 내게 퍼부어요,

만일 다른 이의 사랑이 나를 흔들리게 했다면,

내 생명이었던 당신, 나를 죽여 주세요.

    타인에게 호감을 보였다면

다시는 내게 호감을 보이지 않아도 돼요,

타인에게 즐겁게 말을 건넸다면

내게 영원히 불쾌함을 표시해도 돼요.

만일 타인의 사랑이 내 감각을 혼미케 했다면

내 영혼 앗아 가세요, 늘 내 영혼이었던 당신 손으로.

    그러나 이왕 죽을 목숨,

내 불행한 운명에 저항하지 않겠어요,

내가 단지 청하는 것은

나의 죽음을 내가 고를 수 있는 권리,

나의 죽음이 나의 선택이 되게 해 주세요,

그동안 나의 삶은 당신의 선택이었으니까.

    사랑으로 죽을 수 있는데,

파비오, 나를 벌받아 죽지는 않게 해 줘요,

내가 사랑 때문에 죽어야

당신 평판도 살고 나도 욕을 보지 않지요.

사랑으로 죽는 사람을 비난할 수는 없어요.

그것은 명예로운 것, 죽어도 죽지 않은 것.

   결국, 용서를 청해요,

당신에게 가했던 수많은 잘못에 대해,

단지 사랑한다는 구실로,

당신 비난은 맞아요, 내가 그토록 잘못했으니,

그 비난을 당해도 할 말이 없네요,

사랑을 구실로 배은망덕한 사람 되었으니.

실바

Silva

실바는 11음절과 7음절의 시행이 번갈아 반복되는 시 형식이다. 보통 자유로운 형태의 동음운(rima consonante)이 쓰이고 규정된 분량은 없다. 보통 고귀한 신분의 인물이 독백 형태로 감성적인 서술을 할 때 구사했으며 16~17세기에 유행했다. 대표적인 작품으로는 루이스 데 공고라(Luis de Góngora)의 「고독(Soledades)」과 여기 소개하는 「첫 꿈」 등이 있다.

216

첫 꿈

후아나 이네스 데 라 크루스 수녀가 공고라를 모방하여
제목을 「첫 꿈」이라 붙이고 썼다.

지상에서 태어난

피라미드 모양의 어두운 그림자

하늘 향해 길을 나서니,

오벨리스크처럼 뾰족 솟은 꼭지로

별에 닿겠다는 헛된 희망,

하지만 결코 사그라지는 법 없이

늘 반짝이는

아름다운 별빛은 그 높은 곳에서

덧없는 공포의 그림자를 상대로

10   전쟁을 일으켜

어두운 연기를 뒤덮으며 비웃었고,

그림자의 검은 분노는,

세 가지 아름다운 얼굴을 뽐내며

세 번이나 변신하는

여신[1]이 주관하는 달의

볼록한 표면에도 다다르지 못한 채,

거친 숨을 쉬며 탁한 공기만

내뿜고 있었다.

그 조용한 제국[2]의

20 상쾌한 정적 속에

새들이 밤중에 숨죽인 채 내뱉는

가냘픈 재잘거림이 들려왔으나,

그 소리는 너무 작고 희미하여

침묵을 방해하지 못했다.[3]

 천천히 날개를 펴고

느린 노래를 부르지만,

소리는 약하고 기운은 더욱 약한,

수치심에 사로잡힌 닉티메네,[4]

성전 대문의 문틈,

30 혹은 더 적당하게는

솟아오른 채광창 구멍으로 틈새를

엿보다가 찬란하고 신성한 등불에

불경스럽게 다다라

---

1 하늘에서는 달, 지상에서는 아르테미스, 그리고 지하 세계에서는 페르세포네의 세 얼굴을 가진 셀레네 여신을 지칭하는 것으로 보인다. 그러나 본문의 내용을 보면 달이 변화하는 세 모습(초승달, 보름달, 그믐달)이라고 해석할 수도 있다.
2 침묵이 지배하는 달 세계를 의미한다.
3 침묵이 지배하는 가운데 꿈나라 여행의 준비가 되었음을 말한다.
4 레스보스의 왕이었던 아버지 에포페우스에게 겁탈당한 공주 닉티메네는 수치심에 못 이겨 숲으로 들어가는데, 이를 가엾게 여긴 아테나 여신이 그녀를 부엉이로 변신시킨다. 어둠 속의 생명을 상징한다.

불을 꺼트려 버리고,

미네르바의 나무[5]가 진땀을

흘리며 고통스럽게

열매를 쥐어짜 뱉어 낸 맑은 액체에서

진한 원액을 음미한다.

   그리고 바쿠스 신을 무시한 대가로

40 자기 집이 황무지로, 걸쳤던 옷은 잡초로

변한 것을 본 세 여인[6]은

더 이상 옛날이야기를 전하지 못하고

추한 모습으로 변해,

깃털 없는 날개의 새로 변모하니

어둠에서조차 눈에 띨까 두려워

두 번째 안개를 만든다.

부지런 떨며 일하지만 시건방진

세 자매는 깃털이

없을 뿐 아니라 너무도

50 괴상하게 생긴 암갈색

피부 날개를 형벌로 받아 가장

흉측하게 생긴 새들조차 경멸을 보낸다.

그들은 한때 플루톤[7]에게 아첨 떠는

---

5   올리브나무를 지칭한다.
6   디오니소스의 신성(神性)을 무시하여 디오니소스 축제에 가지 않고 집에서 이야기를 나누다가 박쥐로 변해 버린 미니아스의 세 딸을 지칭한다.

시종이었고 지금은 불길한 전조의

신호를 보내는 또 다른 새[8]와 함께

섬뜩한 성가대를 만들어,

음성보다는 침묵을 통해

잠언과 음표와 악보를 조율하는데,

그 진행이 너무도

60 서투르고 게을러빠진 나머지

걸음걸이 너무 느리고 무거워,

느려 터진 바람조차

아마도 오는 중간에

잠들어 버렸으리라.

   어수선하고 겁 많은 무리의

이 음울하고 간헐적인 소리는

이목을 끌기보다는

오히려 잠을 불러왔네.

그 둔감하고 느린 화음은

70 처음에는 천천히

평화를 안겨 주고

온몸을 평안한 휴식으로 이끌었다.

---

7   로마 신화에서 지하 세계를 지배하는 신이며, 그리스 신화에서는 하데스라 부른다.
8   아스칼라포스는 지하 세계의 신인데, 플루톤이 저승에 데려간 페르세포네가 석류 알을 먹는 것을 고자질해 그곳에서 빠져나올 수 없게 만들었다. 오비디우스의 『변신』에 따르면, 화가 난 페르세포네는 저승의 강물을 뿌려 그를 올빼미로 만들어 버린다.

살아 있는 모든 것에 완전한 침묵이

지배하고 침묵과 어둠의 신

하르포크라테스[9]가 오른손 검지를 들어

굳게 다문 검은 입술에 갖다 대니,

엄숙하지만 거칠지 않은

그 명령에 모두가

군말 없이 복종한다.

80   바람은 잠잠해지고, 강아지는 잠들어,

조그마한 소리조차 불경스럽게

고요한 정적을 깰 수 있으니

누운 강아지 옆 침묵의 바람은

가벼운 한숨조차 조심하며

깃털 하나 건드리지 않는다.

고요한 바다는

태양이 잠든 감청색 요람에

손댈 생각조차 하지 않고,

어두운 바닷속 바위틈 침대에

90   말없이 잠든 물고기들은

유독 조용한데,

그들 사이에 유독

매혹적인 알키오네,[10]

---

9   그리스 신화에 나오는 침묵의 신.

예전에는 연인들을

물고기로 만들어 버리더니

이제 자기가 같은 복수를 당했도다.

　숨겨진 바위틈 보금자리 언덕,

울퉁불퉁한 바위 솟아 나온 곳

(험한 지형보다는 어둠 덕분에

100　더 안전한 그곳),

한낮에도 밤과 같고,

노련한 사냥꾼 그 누구의

발도 밟아 본 적 없는

그늘진 그 저택에는

그 어떤 포악함과 공포에서도

자유로운 채

잠들어 있는 비천한 뭇짐승들이

세계의 주인

대자연이 부과한

110　정당한 공물을 바치고,[11]

파수꾼인 동물의 왕[12]은

두 눈 뜬 채 잠에 빠져 버렸네.

10　그리스 신화에서 알키오네는 항해에 나선 남편을 위해 매일 기도를 올렸으나, 헤라 여신이 남편의 죽음을 알려 주자 슬픔에 빠져 물총새로 변신했다. 제우스와 헤라에게 불경죄를 저지른 벌이라는 설도 있다.
11　모든 짐승이 잠에 빠져든 것을 의미한다.
12　사자를 지칭한다.

한때 왕으로 떠받들리다가

이제 자기 사냥개에게 쫓기는 악타이온,[13]

겁 많은 사슴이 되어

그 고요한 분위기에서

먼지 하나 날아가는

조그마한 움직임에도

털을 잔뜩 곧추세운 채,

120　두 귀를 차례로 쫑긋하며

가벼운 소리도 경계하니

잠들어도 잠든 게 아니구나.

그리고 나무의 가장 어두운 구석,

덤불과 진흙으로 만든 엉성한 해먹 같은

고요한 둥지에는

움직이는 날개를 잃어버린

바람이 웅크린 채

휴식하며 잠들어 있다.

　　여왕의 품위를 가진

130　고귀한 주피터의 새[14]는

필요 이상의 휴식은 죄악이라 보기에

13　악타이온은 테베의 왕인 카드모스의 손자로서 반인반마 케이론의 교육을 받고 자랐다. 『변신』에 따르면, 그는 사냥하던 중에 우연히 목욕하던 아르테미스의 알몸을 본 죄로 사슴으로 변했으며 자기가 데리고 다니던 사냥개들에게 찢겨 죽었다.

14　독수리를 지칭한다. 졸음이 와서 돌멩이를 놓치면 그것이 떨어진 소리에 깬다고 한다. 그러나 실제로는 독수리가 아니라 학의 습관이라고 한다.

넋 놓고 쉬는 법 없고,

매사 지나치지 않게 조심하기에,

자기 몸무게를 한 발로 지탱한 채

다른 쪽 발톱으로는 돌멩이 움켜쥐었네,

이는 졸음이 찾아와 돌멩이를 놓치면

잠 깨우는 자명종 시계 역할이니,

필요한 만큼 잠이 찾아와도,

늘어지지 않고 군주에 걸맞은

140 목자의 의무감으로 거기서 깨어날 것이라.

아, 제왕의 무거운 부담감,

조그만 실수도 용서되지 않으리니!

왕관이 둥근 이유는 그 신비 속에

군주의 임무가 아마도 황금 반지처럼

단절되지 말아야 함을

보여 주기 위함이라.

    잠이 결국 모두를 차지했다,

침묵이 결국 모두를 소유했다.

도둑조차 잠이 들고,

150 연인조차 깨어나지 않았다.

    초저녁 시간이 흐르고

하루 종일 일에 피로해진

어둠이 어설프게 내려앉았네,

사실 그것은 힘든

육체노동으로 인해
생긴 피로가 아니라
지나친 유흥 때문이라
(그 어떤 행위도, 심지어
쾌락조차 반복되면
피로를 불러오나니,
대자연은 늘 여가와 노동에 할당된
다양한 운동으로
한쪽과 다른 쪽
균형을 맞춰 주기 마련,
이는 세상이라는 복잡한 기계를
통치하는 불균형 속의 균형),
그렇게, 깊고 달콤한 잠에
사로잡힌 온 몸뚱이에,
감각은 남아
변함없이 일을 하니
(만일 사랑스러운 노동이 있다면,
노동은 노동이되 사랑받는 노동),
그것은 없어진 것이 아니라 생명의
반대편 얼굴에 양보해 잠시 멈춘 것,
서서히 무장한 잠은
졸음이라는 무기로
은밀하게 달려들어 느긋하게 제압해 버리니,

>   허름한 목동의 지팡이나 지엄한 홀이나,
>
>   비천한 옷 쪼가리나 황제의 곤룡포나,
>
> 180   모든 걸 평등하게 하는 강력한 잠 앞에
>
>   구별이 없어지고
>
>   누구도 특권이 없으니,
>
>   삼중관을 쓴 거룩한 분[15]이나
>
>   돼지우리 같은
>
>   오두막 사는 사람이나,
>
>   다뉴브강 너머에서 온 황금빛 인물[16]이나
>
>   초라한 갈대로
>
>   초가집 짓는 사람이나,
>
>   남루한 거적이나 값비싼 비단옷이나,
>
> 190   죽음의 이미지 강렬한 모르페우스[17]는
>
>   똑같은 잣대를 들이댄다.
>
>   육체적 노동에 사로잡혀
>
>   좋으나 싫으나 하루 종일
>
>   시달림만 당하다가
>
>   육체의 통제에서 해방된 영혼은
>
>   완전히 분리된 것 아니라
>
>   거리는 두었지만,

15　가톨릭교회의 교황.
16　신성 로마 제국 황제.
17　오비디우스의 『변신』에 나오는 꿈의 신.

일시적 죽음으로

나른해진 사지와 무기력한 뼈마디에

200 　식물의 온기를 선물하니,

무기력한 평온 속에

살아 있으나 죽었고 죽었으나 살아 있는,

영혼을 가진 주검은

생체 시계에 생명 주는 태엽 감으며

삶을 지속하는 조용한 신호 주는데,

그 운동은 손이 아니라

동맥과 정맥의 조화 통해

느리지만 맥박을 조절하고

심장을 고동치게 하네.

210 　　그러면, 인체의 왕이자

활력 넘치는 영혼의

살아 있는 정수인 이 기관[18]이,

동료 기관인 허파와 짝을 이루어,

변치 않고 끊임없이 왕복 운동하며

목구멍 근육 기관인 기도를

수축시켰다 확장하면서 자석처럼

공기 빨아들이고 거기 박동하는 호흡은

신선한 자연 공기 들이마시며

18　　심장을 의미한다.

더운 공기 내뱉는데,
220 　추방당한 공기는 그 복수로
우리 몸의 온기를 조금씩 훔쳐 가니,
조그만 도둑질이라 하나,
잠시 탄식하다가 끝내 회복 못 하면
결국 인체 감각 사라지니[19]
습관도 반복되면 조그만 것이 아니네.
이미 말한 대로, 최고의 동반자이자
충실한 증인인 심장과 허파가
생명을 든든히 보장하지만,
인체의 오감은 그것을 부정하는 듯,
230 　(침묵은 반대를 의미하니)
말없이 침묵하고,
꿀 먹은 벙어리가 된 혀도
아무 말 없이 거기에 합세한다.
　온몸에 열을 제공해 주는,
가장 과학적이고
유능한 본부인 그 장기[20]는
늘 부지런하여 결코 쉬는 법 없이,
가까운 이웃이라 봐주지 않고

19 　죽음을 의미한다.
20 　위장을 지칭한다.

　　　　멀리 있다 하여 소홀히 하지 않아,
240　끊임없는 열로 증류된
　　　　소화액을 체세포 통해
　　　　분배할 정량을
　　　　자연의 도구 이용해 정확히
　　　　측정해 기록하는데,
　　　　증류된 소화액의 원천인 음식은
　　　　선한 중개자로서 무고한 자기 존재를
　　　　극단적 습기와 열기 사이에 밀어 넣어,
　　　　그 연민, 아니 어리석은 무모함이 낳은
　　　　오만의 대가를 충분히 치르니,
250　자기 몸을 게걸스럽고 우둔한 상대에게
　　　　드러내 본성마저 잃어버리고 마네,
　　　　이는 아무리 변명하더라도
　　　　남의 싸움에 끼어들어 당하는 업보라.
　　　　그러면 이 장기는,
　　　　불카누스 대장간은 아니지만,
　　　　인간 열기가 완화된 용광로로서
　　　　순화된 네 가지 기질[21]에서 비롯된
　　　　부옇지만 투명한 증기를

21　히포크라테스가 인간의 네 체액(피, 노란 담즙, 검은 담즙, 가래)에 비유해 구분한 네 가지 기질로서 각각 다혈질, 담즙질, 우울질, 점액질에 해당한다.

두뇌에 전달하는데,[22]

260　네 기질의 존재는 본능이 상상력에 부여한

　　　모습 흐리게 하지 않고,

　　　상상력은 확실한 관리를 통해

　　　가장 순수한 형태로

　　　집요하게 새겨 놓고 조심스레 간직한

　　　그 모습을 기억에 전달할 뿐 아니라,

　　　다양한 이미지를

　　　만들 수 있는 공간을

　　　판타지에 제공한다. 그리고 수정처럼

　　　경이롭고 매끄러운 표면을 가진

270　보기 드문 피난처 파로스[23] 등대에서는,

　　　멀리서 바다를 가르며,

　　　창백한 달빛 아래에서도

　　　그 번호와 크기, 그리고 연약한 돛과

　　　무거운 용골이 파도와 바람을 헤치며

　　　위험을 무릅쓰고 위태로운 항해에 나선

　　　배들의 운명처럼

　　　아무리 멀리 있는 것이라 해도

22　아리스토텔레스 생리학 이론에 따르면 인간의 잠은 음식이 위장에서 소화된 후 발산하는 따뜻한 증기에 의해 생겨난다.
23　이집트 알렉산드리아 항구의 파로스섬에 있던 파로스 등대를 지칭한다. 기원전 2세기에 건설된 세계 7대 불가사의 중 하나였다.

거리에 구애되지 않고
넵투누스[24] 왕국의 모든 것이 보이는데,
280 판타지 역시 마찬가지로,
보이지 않는 상상의 붓을 통해
모든 사물의 이미지를 지어내고,
다채로운 색깔의 그림 그리고, 심지어
빛의 도움 없이,
달님 아래 모든 피조물뿐 아니라
지성을 통해 머리로만 알고 있는
별들의 형상까지 그려 내니,
가능한 한 최대로
보이지 않는 것을 포착하여,
290 솜씨 좋게 그것을 재현하고
영혼에 보여 주는구나.
    이와 함께, 아름다운 본질을
가진 무형의 존재로 변모한 영혼은
지고의 존재가 개입한 그것을 관조하고,
자기 내면의 신성이 촉발한
불꽃을 간직하며,
자신을 묶어 놓고 자유를 허락지 않은
육체의 굴레에서 벗어남을 느끼는데,

---

24   바다의 신으로, 그리스 신화의 포세이돈을 말한다.

그 속박은 지적 도약을
300 야비하게 방해하고 무식하게 막았으나,
이제 영혼은 지구의
광활한 크기를 측량하고,
불규칙하지만
조화로운 천체의
회전 운동을 관찰하며
(다만 운수를 점치는 천체 연구는
평온함을 깨트리는 엄중한 사안이라
중대한 범죄로, 벌받아 마땅하도다),
우뚝 솟은 산봉우리에 자리 잡는데,
310 다른 거인들을 다스리는
웅장한 아틀라스[25] 역시
거기 비하면 난쟁이,
가벼운 바람에는
접근조차 허락지 않는
엄숙한 모습의 올림포스산[26] 역시
거기에는 허리춤에도 못 미치네.
(하늘을 상대로 싸움을 거는 듯,

---

[25] 티탄 신족과 제우스 중심의 올림피아 신들 사이에 일어난 신들의 전쟁에서 티탄에 가담했다는 이유로 제우스로부터 지구를 떠받치고 있어야 하는 벌을 받는다.

[26] 그리스 테살리아 지방에 있는 2917미터의 그리스 최고봉으로, 제우스를 비롯한 그리스 신화 주요 신들의 주거지이다.

하늘로 치솟은 지상의 지존인 화산,

그 거대하고 드높은 존재가 머리에

320 쓴 칙칙한 왕관인) 구름은,

그 드높은 지위의

농밀한 지점이자,

풍부한 허리를 두른

거친 허리띠지만, 느슨히 매어지자

바람이 흩어 버리고

이웃인 태양의 열기가 쫓아낸다.

 그 봉우리의 하층부

(즉 소름 돋는 그 높이를 삼등분하면

맨 아랫부분) 향해,

330 창공을 뚫고 태양 빛 들이마시며

그 빛 사이에

둥지를 마련하려는 독수리,

너무도 빠르고 날쌔게 날아오르지만

근처에도 닿지 못하니,

아무리 힘을 써 보아도,

아무리 깃털 무성한 두 날개를 휘젓고

날카로운 발톱으로 대기를 가로질러도,

봉우리로 이끌어 주는 계단 세우려 해도,

두 날개로는 그 장막 뚫을 수 없었네.

340   두 기의 피라미드(허영기 있는

멤피스,[27] 비록 이제 휘날리는

깃발은 없지만 최고 정성 들어간

건축물의 위용), 이방인의

전리품으로 장식된 그 정상,

프톨레마이오스 왕가[28]의 무덤과 깃발은

(하늘은 물론)

바람과 구름에게

그 위대한 무적의 도시,

지금의 카이로를 알린다.

350 피라미드 규모에 넋이 나간 파마,[29]

이집트의 영광과 멤피스의 위용을

찬양하지는 않았지만

그건 이미 바람과 하늘에 새겨졌도다.

    균형을 이루며 높아질수록

작아지는 두 피라미드는

그 뛰어난 기술을 통해

점점 하늘에 다가갈수록

아무리 매서운 눈매를 가져도

바람 속 시야에서 점점 사라지고

---

27 카이로 남쪽 20킬로미터 지점에 있는 이집트 고왕국 시대의 수도.
28 알렉산드로스 대왕의 부하였던 프톨레마이오스 장군이 창건해 기원전 4~1세기에 존속했던 이집트 왕조. 클레오파트라의 죽음과 함께 문을 닫았다.
29 오비디우스의 『변신』에 나오는 파마(Fama)는 고대 그리스에서 소문, 험담, 그리고 명성의 신인 페메(Feme)를 지칭한다.

360 그 흐릿한 꼭대기가 달이 있는

첫 번째 천구에 닿는지 모르겠는데,

이제 지치고 두려워진 시선은,

굴복한 채 점진적 하강이 아니라

곤두박질치며 지상에 처박히고

늦게나마 겨우

정신을 차린 후

감히 날개를 달고 높이 날려 했던

불경죄의 벌을 받는다.

불투명한 피라미드 몸체는

370 태양과 등진 것이 아니라

그 빛과 어울려 실제로는

이웃을 이루며,

그 광채를 온전히 즐기며 빛나는데,

숨이 턱에 차고

사지가 늘어진

더위 먹은 나그네에게는

조그만 그늘이나 그림자조차

허락지 않았구나.

    두 피라미드는, 이집트의 영광이든

380 혹은 세속적인 자랑거리든,

단지 맹목적 오류가 낳은

야만적인 상형문자일 뿐이라,

이 말을 한 그리스의 달콤한

시인 역시 맹인[30]인데

(그가 아킬레우스의 위업과

율리시스의 빼어난 전술을

기술[31]했다는 이유로

역사가들은 자기 식구로 인정치

않는데, 설사 자기들 명부에

390 넣어 준다 해도, 이는 그의 위치가

오른 게 아니라 높은 명성 덕분),

아폴로[32]가 친절하게 일러 준 그의

길고 달콤한 시에서 한 줄이라도

없애려 하는 것은

무시무시한 천둥의 신[33]으로부터

번쩍이는 벼락을 빼앗거나

헤라클레스로부터 몽둥이를

훔치는 것보다 어려우리.

    호메로스 생각에 따르면,

400 피라미드는 단지 물질적 형상,

영혼에 속하는

---

30   고대 그리스의 시인 호메로스를 지칭한다. 실제로 시인이 이런 말을 했는지는 확인되지 않는다.
31   호메로스가 『일리아스』와 『오디세이아』를 쓴 것을 말한다.
32   그리스 신화에서 음악과 시의 신.
33   제우스를 지칭한다.

내적 차원의 외적 표상에

지나지 않을 뿐이니,

야심 차게 타오르는 불꽃인 양,

피라미드 꼭대기처럼 열심히

하늘을 지향하는 모습 따라,

그것의 모사품인 인간 정신 역시

언제나 제1 원인[34]을 열망한다

(그것은 무한 직선으로 연결되어,

410 원을 이루면서 모든 본질을

무한히 포괄하는 중심점).

    불가사의든, 기적이든 간에,

사람이 만든 두 거대한 산과

오늘날 아픈 상징이 된

신성모독의 그 불경한 탑[35]은

돌무더기가 아니라,

파괴적인 시간조차

지우지 못할 언어들을 남겼으니,

자연이 똑같이 만들어 놓았던 이들이

420 낯선 언어로 인해

서로를 달리 보면서

---

34 제1 원인(Causa Primera)이란 자신을 존재하게 하는 원인은 없이 다른 모든 것들의 원인이 되는 존재로서, 그리스도교에서는 유일신 하느님을 의미한다.

35 성경에 나오는 바벨탑을 지칭한다.

사람들의 상냥한 교류도 드물어진다.

두 인공산을 (방법은 모르겠으나)

영혼이 자리 잡고 내려다보고 있는

드높은 정신적 피라미드와 비교하며

이들은 알게 되었으니,

자기들이 얼마나 뒤처져 있는지, 그리하여

피라미드 꼭대기를 전체 천체라 볼 것이다.

각자의 영혼이 정상에 도달하겠다는

430 야심 찬 열망으로 스스로 날아올라

일부분이나마 가장 높은 곳에 달했으나

감당할 수 없는 속도로 더욱 비상하여

새로운 미지의 지역에

들어섰다고 느꼈네.[36]

   거의 무한한 높이의 그 정상,

즐겁지만 막막하고, 막막하지만

만족스러운, 그리고 만족스럽지만

당혹스러운, 달 아래 지상의 여왕인

최고 지존[37]은

440 색안경을 벗어 버리고

아름답고 지적인 눈동자의

---

[36] 최고의 신비를 탐구해 보겠다는 인간 지성과 의지가 결합해 열락(extasis)의 상태에 도달한 것으로 해석할 수 있다.

[37] 인간의 영혼을 지칭한다.

날카로운 시선을
(그 먼 거리 두려워하지 않고
칙칙한 장애물 걱정도 없이,
방해하는 물체를 피해 가며)
모든 피조물에 투사한다.
그 방대한 군집,
수수께끼 존재,
눈으로 보기에 이해 가능하다는
450 신호 주려 했으나 결국 불가능해,
넘치는 사물들에 정체되고,
압도적인 규모에 동력 잃고, 결국
주눅 들어 물러난다.
    압도적 환경 무시하고 당돌하게,
물질계에 맞서며
터무니없는 욕심 부렸던 시선은
후회막급, 자기 욕심을 거두는데,
그 세계는 시각적 차원을
엄청나게 뛰어넘는지라,
460 빛나는 몸을 가진 태양을 보면,
그 빛은 징벌의 화염을 내뿜고
무시무시한 힘은
방자하게 우쭐대다가
눈물 쏟으며 참회하는 이들을

번갯불로 응징하네

(우둔한 시도는 대가를 치르니, 이카로스[38]

역시 가련하게도 자신의

눈물에 빠져 죽고 말았지),

여기서 이성은 각 존재의 개별

470　개성보다는 (첩첩이 쌓여 지구를

구성하는 수많은 존재의)

그 방대한 규모에

압도되어 결국

두 손을 드는데,

너무도 놀란 나머지

(초연한 경이로움의 바다에 뜬 채

너무도 풍부한 존재에 둘러싸이니

선택은 힘들고),

거친 파도에 난파를 걱정하니,

480　모든 것을 보려 하나 아무것도

보이지 않고,

식별조차 할 수 없는데

(지구의 변덕스러운 기계를

두 극을 통해 지탱하고 있는 축에서

38　아버지 다이달로스가 만들어 준 날개를 달고 크레타섬을 탈출하지만, 너무 높이 태양에 접근하다가 날개의 밀랍이 녹으며 바다에 추락해 죽었다.

그토록 방대하고
이해 불가한 종들을 보고서는
이성의 지적 능력은 무뎌지네),
모두가 완벽하다고
생각하는 우주의 구성물과,
490 그 아름다움을 비춰 주고 있는
부분들뿐만 아니라
확장된 우주 몸체를 효율적으로
알맞게 보완하고 있는 부분들조차
알 수 없는 것이라네.
 어슴푸레한 어둠이
눈에 보이는 모든 사물에서
색깔을 빼앗아 가는 것처럼,
갑작스레 닥치는 광채 역시
넘치는 빛으로 눈멀게 하는지라
500 (과도한 역풍이 초래하는
반대 효과로서, 미숙한 체력은
평소 익숙지 않은 태양 광채를
견딜 수 없기에),
그 빛의 도발에
맞서기 위해 한때 시야를 방해한
그 어둠에 도움을 청하고,
약한 눈동자를 손으로

가린 채 춤을 추며 번쩍이는

광선을 막으니,

510 이제 어둠은 자비로운 중재자,

점진적으로 시력을 되찾아 주는

도구로 열심히 봉사하며,

그것이 더욱 건강하게

작동할 수 있도록

부지런 떤다.

이는 경험상 확인된 자연 요법이자

순수한 과학이라, 아마도 과묵하지만

모범적인 가르침 주는 스승이

다른 여러 갈레노스[39]에게

520 권유하길, 치명적인 독약이되

적당한 분량으로 조심스럽게

처방하면서, 감춰진

해로운 성분을

조절할 수 있다면

열기나 냉기의 과도함

때문이든지, 아니면

알려지지 않은 호의나

---

[39] 그리스 출신의 로마 제국 시대 의사이자 철학자로서 고대 서양 의학을 체계화했다. 여기서는 일반적인 의사를 지칭한다.

　　　　악의로 인해 자연적으로

　　　　그 과정이 진행되리라

530　　(놀랍게도 확실한 효과를 본 이 방법은

　　　　아직 그 이유를 설명하지 못하지만,

　　　　수많은 불면의 밤과

　　　　신중한 실증적 시도를 통해

　　　　덜 위험한 야생[40]을

　　　　대상으로 검증된 것이네).

　　　　아폴로[41]의 지혜가 담긴

　　　　그 조제약은 놀라운 해독제로

　　　　유익함이 드러난다.

　　　　과연, 선은 그렇게 악에서 나오나니!

540　　영혼 역시 다르지 않아,

　　　　그토록 수많은 존재에 놀라,

　　　　다시금 집중해

　　　　보지만 그렇게

　　　　넘치는 다양성 때문에 말문을

　　　　잊게 한 경이로운 놀라움에서

　　　　여전히 회복될 기미 없어,

　　　　오락가락 개념에서 나온 미숙한

40　　사람이 아니라 동물을 대상으로 실험했다는 뜻이다.
41　　그리스 신화에서 의술의 신.

정보만 겨우 허락하고, 잘못
형성된 그것은 세상에 존재하는
550 복잡한 존재들로 구성된
어지러운 카오스만 그려 내니
(그것은 무질서하게 넘치고,
무질서하게 분리되어, 서로를
더욱 조화시키려 하면 할수록
세상의 충만한
다양성은 더욱 흩어져 버린다),
결국은 너무도 조그만 그릇에 (그것도
제일 빈약하고 조악한 것에) 그토록
방대한 대상을 거칠게 담아 버린다.
560 영혼을 심란케 하는
거친 바다에서, 주눅 들었던 영혼은
얄궂은 바다와 몰아치는 바람 속에
잔잔한 파도와 평온한 바람을
순진하게 기대하는데,
바다는 영혼을 제멋대로
정신적인 해안에
좌초시키고, 방향타가 부서지고
돛이 부러진 채
작은 배는 해안의 모래에 입 맞추며
570 산산조각 나네,

배가 물에 잠긴 그곳에서
제정신이 돌아와 잘못된 판단을
바로잡고 부주의한 태도를
바로잡았으니,
거기서 한계에 봉착한 영혼은
한 가지 주제에 집중하는 것이
더욱 바람직하고,
아니면 개별적으로
사물을 하나하나 추론하여
580 인위적인 열 가지 기본 범주[42]로
나누어 거기 포괄되는 사물을
논하는 것이 좋다고 판단했네.

    형이상학적 환원이 가르치길,
모든 존재는 또 다른 존재, 즉
자신을 포괄하는 큰 범주에
환원되고, 거기서 질료의 힘에
대한 추상적 담론이 추출되며
우주 만물을 구성하는 학문이
형성되니, 모든

---

[42] 세상의 비밀과 지식을 깨닫는 데에 한계를 느낀 영혼은 범위를 좁혀 한 가지 주제에 집중하거나, 아니면 체계적으로 분류된 범주에 따라 탐구하는 방향으로 선회한다. 참고로, 아리스토텔레스가 『오르가논』에서 언급한 열 가지 범주(카테고리)는 다음과 같다: 실체, 양, 질, 관계, 장소, 시간, 위치, 상태, 능동, 수동.

590   피조물을 파악하기
　　　 위해 필요한 것은 직관이 아니라
　　　 하나의 개념에서
　　　 차근차근 단계를
　　　 밟으며 올라가, 한계가 있는
　　　 이성의 힘이 필요로 하는
　　　 이해력에 상대적 질서를
　　　 찾는 것이라,
　　　 그 단계적 추론 덕에
　　　 지력이 발전한다.

600　　　 교리는 학문을 양식 삼아
　　　 미약한 힘을 키워 나가고,
　　　 두서없으나 꾸준히 계속되는
　　　 수양을 통해,
　　　 강건한 숨결 불어넣으니,
　　　 이에 힘을 얻은 영혼은
　　　 더욱 치열한 책임감으로
　　　 더 높은 곳을 열망하면서
　　　 계단을 밟고 올라가며
　　　 (그 이해력은 이 학문, 그리고
610   저 학문 거치며 계발되고),
　　　 마침내 의식하지 못하는 사이
　　　 명예로운 정상[43] 바라보며 고단했던

노력의 달콤한 대가 받으니

(힘들게 씨를 뿌려 행복한 열매

맺고, 오랜 고생 끝에 큰 낙이라),

드높은 정상 향한 승리의 발걸음이라.

　나[44]의 이성은 이렇게

점진적 방법을 좇고 싶었으니,

(존재의 제2 원인[45]으로부터

620　대접도 못 받고,

의지할 곳도 없는)

최말단에 처한

무기력한 등급[46]에서

가장 고귀한 계층으로 상승하여,

녹색 숨결 통해 테티스[47] 여신의

첫아들[48] 되는지라(그 아들

비록 투박하기는 하지만

매력적인 덕행으로

43　지혜의 최고봉, 깨달음의 경지를 말한다.
44　화자가 처음으로 1인칭으로 등장한다.
45　제1 원인인 신으로부터 창조된 자연.
46　광물의 단계.
47　테티스(Thetis)의 실체에 대해 많은 설이 있는데, 테티스가 아니라 테미스(Temis) 여신이라고 해석하는 설이 설득력 있다고 본다. 테미스는 그리스 신화에 나오는 율법과 정의의 여신이며, 로마 신화에서는 유스티시아(Justicia) 여신이라 불린다.
48　테미스 여신의 아들인 프로메테우스를 의미한다고 해석할 수 있다. 프로메테우스는 그리스·로마 신화에서 인간을 창조하고 인간에게 불을 전파하여 문명을 전달한 신으로 알려져 있다.

대지의 체액에서 달콤한 샘물
630 길어 와 풍요로운 모유 샘솟고,
그 자연 영양소는
달콤하기 짝이 없는 양식 되네),
그리고 상반된 행위들이 네 가지
방식으로 작동하면서 자기에게
적합한지 판단하여, 필요한 것은
부지런히 끌어들이고 아닌 것은
가려내어, 불필요한 것 제거하고
가장 유용한 본질만 자기 것 만드네.
   이 본질을 취하여,
640 (더 큰 지각을 갖추고,
지각뿐만 아니라, 창조적인
상상력으로 치장한)
나의 이성은 더 우아한 형태를
갖추지만, 비록 바른길이라 해도
불화를 부르니,
생명 없이 빛나는
별들에게 모욕까진
아니지만 질투의 대상이라,
가장 작고 낮은 피조물[49]조차

---

49   인간을 의미한다.

650 　도도하게 광채를 내뿜는 드높은

　별보다 우월함 드러내기에,

　　비록 미약하지만 이런 육체적

　지식에 기반을 두고

　세 가지 조화로운 선[50]이 결합한

　경이로운 최고의 삼부작 형태로

　이행하니, 이는 열등한 단계의

　모든 자연계 형질[51]을 신비롭게

　요약한 것이고,

　가장 높은 옥좌에 오른

660 　순수 자연과

　가장 비천하고

　힘없는 피조물을

　결합한 것이로다.

　이것은 다섯 가지 감각적

　능력[52]을 타고났을 뿐만 아니라

　전능하신 하느님이

　자비로운 손길로

　부여하신 세 가지

　내적 자질[53] 덕분에

50　인간의 지적, 정서적, 그리고 감각적 차원을 말한다.
51　광물성, 식물성, 동물성을 포괄하는 자연의 특질을 의미한다.
52　인간의 오감(시각, 청각, 후각, 미각, 촉각).

670 　더욱 고상해졌네.

　　천상과 지상을 잇는 고리로서

　　주님 작업의 절정이니,

　　모든 창조 사업의 완성이자

　　무한한 창조주의 큰 기쁨이라,

　　커다란 만족감에 거대하고 웅대한

　　사업은 휴식을 취한다.

　　　그 창조물은 너무도 놀라워서,

　　오만하게 하늘에 닿는 모든 사람을

　　먼지가 그 입을 봉해 버리니,[54]

680 　그 신비로운 이미지는 아마도

　　독수리 복음사가[55]가 파트모스[56]에서 봤던

　　신성한 비전이라,

　　거기서는 천사가 하늘의 별과 지상의

　　땅을 같은 발자국으로 재고 있는데,

　　거대한 신상의

53　인간이 가진 판단력, 기억력, 상상력(혹은 기억력, 이해력, 의지)을 의미하는 것으로 해석할 수 있다.

54　죽음을 의미한다.

55　독수리 복음사가는 네 복음서 저자 중의 한 명인 요한 복음사가를 말한다.「요한 복음서」가 높은 경지에서 깊은 성찰을 통해 사람들을 참된 신앙으로 인도해 주는 역할을 하고 있다고 하여 사도 요한을 독수리에 비유한다. 참고로, 다른 세 복음사가, 즉 마태오, 마르코, 루카는 각각 인간, 사자, 황소에 비유된다.

56　복음사가인 사도 요한이「요한 복음서」와「요한 묵시록」을 썼던 그리스의 섬 이름이다. 옥타비오 파스는 이 부분이 이 작품에서 유일하게 성경이 언급되는 대목이라고 지적한다.

멋지고 거만한 얼굴은 값진

황금으로 만들어졌으나

그 기초는 진흙 더미로 채워져

조그만 진동에도 허물어져 버린다.[57]

690 결국, 인간 이성이 추론하는

가장 경이로운 존재인 인간은

천사와 식물과 짐승의 특성을

종합한 존재이니,

위대한 동시에 비천한 그 안에

자연의 모든 것이 들어 있네.

왜 그런가? 사람이

다른 누구보다 더 축복받은 이유는

사랑의 결합[58]이라는 은혜로

높이 들리기 때문이네. 이는

700 계속 반복됨에도 알려지지 않은

은총인데, 감사할 줄 모르거나

배은망덕한 인간들은

깨닫지 못하기 때문이라네.

    바로 이것이 나의 이성이 차근차근

밟아 나가려 했던 단계들[59]이네.

---

57 이 내용은 구약성경 「다니엘서」(2장 31~35절)에서 다니엘이 바빌론의 왕 네부카드네자르의 꿈을 풀이해 준 것이다.
58 하느님이 사람이 되신 예수 그리스도의 육화(Encarnación)를 의미한다고 해석된다.

｜ 한데 다른 수녀들은

　　동의하지 않았지.

　　자연 현상에서 가장 사소하고

　　다루기 쉬운 것도 모르면서

710　그 모든 걸 이성으로 추론하는 것은

　　너무 무모한 짓이라면서.

　　이성은 아레투사[60]의 맑은 물이

　　깊은 바다에서

　　얼마나 복잡한

　　경로를 거쳐

　　샘물에 이르게 되었는지 모르지

　　(으스스한 플루톤 왕국을

　　지나고, 깊은 심연에서

　　동굴 틈새를 빠져나와

720　구불구불한 목장길을 따라서

　　세 번 변신하는 신부[61]의 신방인

　　쾌적한 엘리제[62]에 이르도록),

　　명민한 목격자 아레투사는

59　광물에서 시작해 식물, 동물, 인간, 천사를 거쳐 신에 이르는 단계를 말한다.
60　그리스 신화에 등장하는 님프다. 강의 신 알페이오스의 구애를 피해 도망치다 물로 변했고, 결국 시칠리아 시라쿠사에 이르러 샘이 되었다.
61　제우스와 케레스(그리스 신화의 데메테르)의 딸인 페르세포네를 지칭한다. 이 작품의 13~15행 참고.
62　그리스 신화에서 엘리제 초원(Elysian Fields)은 영웅들이 죽은 후 마지막 안식을 취하는 낙원이다.

고통에 빠진 금빛 여신[63]에게

잃어버린 아름다운 딸의

소식 전하니, 산과 밀림을 헤매고

초원과 숲을 뒤지며

딸을 찾던 여신은

고통으로 황폐해지던 참이었네.

730   이성이 아직도 모르는 또 하나는

소박한 꽃에 대한 것이라, 그 새하얀

모습에서 어찌 그토록 섬세한 아름다움이

나오는지, 형형색색이 섞여

여명과 혼동되는 자줏빛 꽃잎은

왜 그리 달콤한

용연향을 내뿜는지,

가벼운 산들바람에 어찌 그리 아름다운

꽃잎을 펼치는지,

주름 잡힌 흰 목도리 두르고 금으로

740   둘레를 솔기 장식한 꽃이 그렇게

한 송이씩 피어나며,

창백한 꽃봉오리의 하얀 봉인 깨지자

사이프러스 여신[64]이 자신의 붉은

---

63 대지와 곡물의 여신 케레스.
64 사이프러스에서 태어난 비너스 여신을 의미한다. 비너스의 연인이었던 아도니스가 사냥터에서 죽었다는 소식을 들은 비너스가 급히 뛰어가다가 장미 가시에 찔려 발

상처를 그토록 아낌없이 드러내는지,

그리고 그것은 어떻게 새벽으로부터

순결한 진홍빛 여명을 취하여,

진홍색과 순결한 흰색이

색의 조화 통해 눈 덮인 장미색으로

무지개 색깔 되어 초원의

750 멋진 광경을 무색하게 하는지,

그리고 명백한 독을 두 배로

해롭게 만들어

가짜로 얼굴을 덮어 버리는

여자들의 부지런한 노력을

헛되다고 규정하는지

여전히 알지 못한다네.

    만일 (소심한 생각이 반복되어)

이해를 잘못하거나, 늦거나, 혹은

결코 못 하리라는 비겁한 두려움으로,

760 단일한 대상을 두고서도 이성이

맞서기를 피하여

비겁하게 말머리를 돌리고,

겁에 질린 생각으로 어려운 과업을

두려워하여 도전을 거부하면서

에 피가 났는데, 원래 하얀색이던 장미가 그 이후로 빨간색이 되었다고 한다.

(다른 것들로부터 독립적이고
어떤 관계도 얽히지 않은)
단 하나의 개별 종마저
이해하는 노력을 회피한다면,
(스스로 지탱하는 힘이 없어서)
770 아틀라스의 구부정한 허리를
더욱 휘게 하고
알케이데스[65]의 힘을 이겨 내는
견딜 수 없이 엄청난 무게를 가진
거대한 메커니즘의 복잡함을
어찌 고찰할 수 있겠는가?
그리고 천체 안의 존재로서,
자연을 탐구하는 일보다
어찌 더 가볍고 덜 신중하게
거대한 메커니즘을
780 판단할 수 있겠는가?
    나의 이성은 종종 지나치게
비겁하여 힘든 싸움에 뛰어들지도
않고 승리의 월계관을 양보하려
노력해 왔으나, 불타는 마차를
모는 도도한 용사, 대담함의 표본이자

---

65 헤라클레스의 어릴 때 이름.

　　　　용감한 모범인 뛰어난 젊은이⁶⁶에

　　　　생각이 미치니,

　　　　불운과 실패에도 불구하고

　　　　그 용맹한 기운은 내 의지를

790　　북돋아 주었네, 거기에서 두려움보다

　　　　교훈을 얻은 내 정신은 다시금

　　　　두 번째 용기를 얻어,

　　　　이제 더 이상 거칠 것 없으니, 길을

　　　　막는 장애물 겁내지 않고 용감하게

　　　　그 길을 밟네.

　　　　　불행한 잿더미로 덮인 푸른

　　　　무덤인 축축한 판테온도,

　　　　치명적인 번갯불도,

　　　　경고에도 불구하고,

800　　오만한 기운을 누르지 못하니,

　　　　불멸의 이름을 남기기 위해

　　　　생명을 하찮게 여기며

　　　　자기 파멸을 재촉하네.

　　　　사실 그 기운은 위험한 모범이라,

　　　　야심 찬 기운이

　　　　다시 날아오르도록 날개 달아 주며,

66　　그리스 신화에 나오는 파에톤을 지칭한다.

　　　　두려움 때문에 스스로

　　　　용기를 북돋아

　　　　파괴의 글자 가운데

810　　자기 영광 새겨 넣도다.

　　　　아, 처벌이 결코

　　　　알려지지 않고, 그 범죄도

　　　　반복되지 않기를,

　　　　그러니까 좋은 방법은 정치적

　　　　침묵을 택하여

　　　　진행 중인 심판을 아예 멈추고

　　　　무지를 가장하며 모른 척하거나,

　　　　고통을 감추고 과도한 오만을

　　　　징벌하되 이를 알리지 않는 것이라,

820　　왜냐하면 악이 위험한 주된 이유는

　　　　그것이 해로운 전례로 전파되어

　　　　전염성을 띠는 것이기에,

　　　　징벌의 소식이 알려지기보다는

　　　　모르는 상태에서

　　　　잘못이 발생할 가능성이

　　　　멀어지기 때문이라.

　　　　　그러나 내 이성의 흐린 선택이

　　　　먹거리를 취해야 할 곳에서 아무것도

　　　　찾지 못해 열기를 소진한 가운데

830　향하는 곳마다 길이 막혀 모래톱에
　　　좌초하고 암초들 사이에서 혼란 중에
　　　가라앉는 가운데,
　　　그 미지근한 불꽃은
　　　(미지근하지만 불타지 않아도
　　　소비를 하기에, 즉 불을 유지하려
　　　운동을 하기에, 불은 불인데)
　　　자기 임무를 피하거나 거부하지 못하고
　　　먹거리를 서서히 양식으로 변화시켜
　　　외부 영양분을 자기 것으로 만들었네.
840　그리고 그것이
　　　들어간 경이로운 천연 용기[67]에서
　　　습기와 열기가 결합하여
　　　떠들썩하게 끓어오르던 현상은
　　　재료 부족으로
　　　이미 그 기능을 멈췄으니, 이에
　　　졸음의 습한 증기가 올라가면서
　　　합리성의 왕인
　　　두뇌를 방해하고
　　　사지가 기분 좋게 노곤해지며
850　열기에 의해 소진된

67　위장(胃腸)을 가리킨다.

부드러운 열정은 잠의

사슬을 풀어 버렸구나.

그리고 영양분의 부족을 느끼고

휴식에 지쳐 수척해진 신체는

완전히 잠들지도

깨어나지도 않은 상태에서

느린 몸짓으로 움직이고

싶다는 신호를 보내기 시작하며

무감각해진 신경을 조금씩 펼쳤고,

860 피곤한 뼈들은

(자기 주인이 완전히

통제하지도 않는데)

이리저리 몸을 풀었으며, 신체는

천연 수면제의

부드러운 방해를 받으며

실눈을 뜨고

감각을 회복하기 시작했네.

　그리고 환영(幻影)[68]들이

이제는 해방된 두뇌에서 마치

870 증기처럼 빠져나가

연기로, 바람으로

68　잠자는 동안 떠올랐던 환영(fantasma)이나 이미지들을 말한다.

흩어지며 그 모습이 해체되었네.
마법 등불[69]은, 반사체가 떨리고
학문적 원근법이
요구하는 거리를
유지한 채 많은 실험에서 검증된
측정을 따르며,
빛보다는 그림자 도움을
받아 하얀 벽면에 채색된
880 가짜 형상들을 재현해 냈는데,
날이 밝자 도망치며
사라지는 그림자는
모든 차원을 갖춘
신체인 양 꾸몄지만
실제로는 껍데기조차 없는
허상일 뿐이었네.
    한편, 불타는 광채의 아버지 태양은
이미 예정된 경계인 동쪽 행로 끝자락에
다다르고 있음을 알고 황혼으로부터
890 산 너머로 빛을 쏘아 보내니,
무기력하게 떨리던 빛은 동쪽 입구에서
(우리와 대척점의 사람들에게

---

69   앞서 언급되는 환영(幻影)들을 투사하는 프로젝터 기능을 하고 있다.

동쪽인 그곳이 반대편의 우리에게는

서쪽이라) 빛나는 새벽빛으로 변신했노라.

그러나 잔잔하고 아름다운 별

비너스가 이미 새벽을 깨웠고,

늙은 티톤[70]의 아름다운

아내 아우로라[71]는,

수천 개의 광채가 나는 옷을 입고

900 밤의 어둠에 맞서고,

아름다울 뿐 아니라

용감무쌍하나 눈물 많은 아마존 전사로,

아침 햇살에 빛나는 수려한 이마를

드러내며 횃불 높이 들었네.

그리고 활기찬 불의 행성이

도착하기 시작하나,

그가 이끌고 온 군대는 어설퍼라,

이는 더 숙련되고 강인한 전력을

후방에 남겨 놓았기 때문인데,

910 그 이유는 수천 개의 그림자로 만든

검은 월계관을 허리에 두르고

---

70 티톤(Tithon)은 빼어나게 잘생긴 청년으로 아우로라와 사랑에 빠졌다. 아우로라는 제우스 신에게 부탁하여 애인인 티톤에게 불멸을 주었으나, 영원한 청춘을 달라는 부탁을 깜빡했기에 티톤은 나이를 먹으며 볼품없는 늙은이가 되고 말았다. 이에 아우로라가 그를 방에 가두고 매미로 만들었다는 설도 있다.

71 로마 신화에 나오는 새벽의 여신이며, 그리스 신화의 에오스와 동일시된다.

무시무시한 어둠의

홀을 휘두르며 자신도 두려워하는

그림자 세계를 다스리면서

낮의 제국을 침탈하는 폭군인

밤에 대적하게 했던 것이라.

   그러나 태양의 늠름한

전위 부대 새벽이 동쪽에서

빛나는 깃발 흔들고,

920 부드럽지만 용맹한

새들의 전투 나팔

(기술은 없지만

숙달되고 요란한 소리)로 힘껏

경고하자 그 비겁한

폭군은 검은 망토에

빛의 칼날이 내리치는

상처를 입으면서도

자기 힘을 과시하려 해 보지만

(이는 스스로 대담함에 만족하지 못하고,

930 자신의 허약한 저항이

드러난다는 두려움으로

생긴 것인데),

결국 무서운 불안에 사로잡혔네.

마침내 그가 살아남기 위해 싸움을

포기하고 도망을
결심하여, 불협화음의
경적을 울려 검은 군대를 수습하고
질서 있는 후퇴를 시작했으나,
세계에서 가장 높은 산 중에서도

940 가장 높은 봉우리에
반사되는 빛이 쫓아오며
공격하는 것을 느꼈노라.
   드디어, 태양이 출현하여 검푸른
하늘에 금빛 조각을 뿌리며
운동하던 원을 수백만 배 증식된
빛 입자로 덮었는데,
이 금빛 광선은 빛나는 원주(圓周)에서 나와
하늘의 푸른 평면을 자신의 잣대로
잘게 구획했네.

950 밝은 광선들이 군대로 전환되어
한때 자기 제국의 사나운 폭군이었던
밤을 공격하자,
밤은 무질서하고 성급하게 도망가며
자기 그림자를 짓밟고 스스로 공포에
걸려 넘어졌고,
자신을 쫓는 빛에 시달리며 이미
오합지졸이 된 그림자 군대와 함께

일몰의 문턱을 넘으려 했네.
    그림자 군대는 도주로를 통해 마침내
960 일몰을 볼 수 있었고, 지구 반대편
자기 관할지에서
휴식을 취하며 패배에서 벗어나
기운을 회복하려고 시도했네.
태양에 버림받은 반대편 지구는
다시 반란군이 되어 태양의 왕관을
도모하기로 결의하네.
우리의 반구(半球)가
질서정연한 분배를 통해 적절한
빛을 나눠 주고
970 보이는 모든 사물에 자기 색깔을
되찾아 주며 외적 감각에 온전한
기능을 돌려주는
아름다운 태양의 황금빛 타래 드러내니,
세계는 빛을 받아 더욱 밝아지고,
나는 잠에서 깨어난다.[72]

---

72   작가는 "나는 잠에서 깨어난다"를 스페인어 여성형인 "yo despierta"로 표현하여 여성 화자인 자신을 드러내고 있다.

해설

첫 꿈
Primero sueño

「첫 꿈」은 소르 후아나의 최고 걸작으로 꼽히는 작품이다. 작가는 「필로테아 수녀님에 대한 답신」에서, 자신의 모든 작품이 타인의 요청으로 쓰였으며 자기 "취향에 따라 쓴 글이라고 기억나는 것은 사람들이 「꿈」이라고 부르는 작품 하나밖에 없"다고 회상한다. 즉 이 작품은 소르 후아나가 자발적으로 쓴 유일한 작품이자 최고의 작품이다. 문학사적으로도 「첫 꿈」은 중남미 바로크 문학의 최대 걸작으로 꼽힌다. 심오한 철학적 깊이를 가진 내용, 975행의 장시(長詩)임에도 불구하고 견고하게 유지되고 있는 탄탄한 구성, 그리고 과식주의와 기지주의를 구사하는 전형적인 바로크 수사법이 그 요인이라고 본다. 이는 상대적으로 자유로운 음수율을 갖고 있는 실바(silva)라는 형식 덕분이기도 하다.

「첫 꿈」은 우주의 신비를 발견하고 절대 진리를 모색하는 인간 영혼의 여정을 알레고리 기법을 통해 그린 철학적 서사시다. 작품 시작과 함께 어둠이 내리자 모든 피조물이 휴식을 취한다. 하늘과 땅과 바다의 모든 동물이 휴식을 취하고 바람조차 잠잠해진다. 사람의 육체 역시 사지가 나른해지고 뼈마디가 무기력해지면서 일시적 죽음을 맞는다. 육체가 잠들면서 그 통제에서 해방된 영혼이 점차 천구(天球)를 향해 하늘로 상승한다. 절대지를 찾는 이 여행은 모두 꿈속에서 일어난다. 상승 도중에 영혼은 우주의 모든 사물과 만나고 천문학, 철학, 신학 등 다양한 학문적 주제를 탐색한다. 하지만 결국 영원하고 무한한 속성을 이해하기란 불가능하기에 좌절과 환멸(desengaño)을 느낀다. 주인공의 영혼은 거룩하고 보편적인 지식에 도달하는 데에 실패하고, 어느덧 밝은 햇살이 하늘을 비추며 아침이 밝아 온다. 나의 육체도 깨어난다.

작품을 내용에 따라 구분해 보면, 어둠이 찾아오고 만물이 잠드는 모습을 보여 주는 1부(1~150행), 밤이 찾아오고 만물이 잠든 가운데 인간 역시 신체 기관별로 잠드는 과정을 보여 주는 2부(151~266행), 영혼이 절대 지식을 찾아 여행하는 3부(267~539행), 하느님의 무한한 창조물 앞에 이성의 한계를 절감하는 4부(540~826행), 그리고 인식의 한계에 환멸을 느낀 영혼이 하강을 시작하고 아침이 찾아오면서 잠에서 깨어나는 5부(827~975행)로 나눌 수 있다. 마지막 문장에서 "잠에서 깨어난다(despierta)"는 형용사가 여성으로 표기되면서 이 시의 화자가 소르 후아나임을 암시한다. 이 시는 절대 진리에 도달하려는 인간의 지칠 줄 모르는 욕구와 실패를 보여 준다. 따라서 작품 전체가 소르 후아나의 지적 욕구, 그리고 결국 '거룩한 무지'를 선택한 말년의 환멸을 보여 주는 알레고리로 읽힐 수도 있다. 이 작품의 주인공이 '서정적인 나(yo lírico)'인 이유도 화자가 감정이나 내면의 경험을 표현하는 동시에 인간의 한계를 드러내는 서정적 주체이기 때문이다.

한편 「첫 꿈」은 전형적인 바로크 문체를 구사하는데, 기지주의(conceptismo)에서 애용하는 복합 메타포인 기유(奇喩, concepto)와 더불어 대조법, 모순법, 중의법 등의 의미론적 수사법, 과식주의(culteranismo) 혹은 공고라체(gongorismo)에서 잘 구사하는 철학·신학·과학·의학·성경·신화 용어, 신조어, 라틴어 등의 현학적 어휘, 그리고 도치법과 같이 문장을 복잡하고 어렵게 만들어 의미를 미궁에 빠지게 하는 구문론적 수사법 등이 풍부하게 쓰이면서 바로크 시의 정수를 보여 준다. 이 때문에 「첫 꿈」은 소르 후아나 작품뿐만 아니라 스페인어권 문학 작품 가운데 가장 어려운 것 가운데 하나로 꼽히기도 한다. 이는 시의 앞머리에 밝혔듯이 공고라의 문체를 모방한 소르 후아나의 의도에 따른 것이다.

소르 후아나의 말대로, 이 작품은 처음에 '꿈'이라는 제목을 붙였는데, 1692년 스페인에서 그녀의 두 번째 작품집인 『제2권』에 처음 수록될 때 '첫 꿈'으로 바뀐다. 누가 어떤 의도로 바꿨는지는 밝혀지지 않는다. 다만 소르 후아나의 모델인 공고라의 대표작 「고독(Soledades)」이 두 부분으로 구성되어 있어서, 소르 후아나 역시 후속작을 쓰지 않겠냐는 기대감으로 그랬던 것이 아닌가 추정할 뿐이다.

비얀시코

Villancico

비얀시코는 보통 8음절이나 6음절 형식을 갖춘 전통적인 민중시(民衆詩)며, 스페인어권에서 크리스마스 캐럴이라는 뜻도 있다.

317

비안시코 VI, 카타리나 성녀[1]

후렴

승리자여, 승리자여, 카타리나,
하늘의 지혜를 가지고
모든 학자를 설복시켰지.
뛰어난 지식 갖춘 그녀,
자신을 설득하러 찾아온
세속의 교만을 물리치고
영광의 자리 차지했네.
승리자여, 승리자여, 승리자여!

---

[1] 알렉산드리아의 성녀 카타리나(287~305)를 지칭한다. 전설에 따르면, 카타리나는 그리스도교를 믿는 아름다운 공주로서 로마 막센티우스 황제의 박해를 받았다. 황제가 학자 50명을 보내 그녀를 배교시키려 하지만 거꾸로 설득당해 학자들이 개종한다. 황제는 이들을 화형에 처하고 카타리나는 감옥에 가두었다. 그는 성녀를 굶겨 죽이려 했으나 비둘기가 음식을 갖다주었고, 바퀴로 절단해 죽이려 했으나 천사의 도움으로 살았다. 결국 황제는 카타리나의 목을 잘랐고 그 목에서 우유가 흘러나왔다고 한다. 그녀의 유해는 시나이산으로 운구되었고 그 자리에 카타리나 수도원이 세워졌다.

가사

이집트 모든 현인이 한 명의
여인에게 설득을 당했네,
지성의 영역에서 남녀 구분은
문제가 되지 않음을 알렸지.
승리자여, 승리자여!
   그것은 불가사의, 아니 기적이었지,
그러나 더 큰 불가사의는
그들을 이긴 것이 아니라
그들이 패배를 승복한 것이었어.
승리자여, 승리자여!
   진리의 빛은 고함을
친다고 어두워지지 않아,
그 메아리는 소음을 뚫고
용감히 빠져나올 줄 알지.
승리자여, 승리자여!
   현인들은 부끄러워하지 않아,
자신이 설득당했다는 사실을,
모든 현인이 그렇듯이, 자신의
지식이 유한함을 알기 때문이지.
승리자여, 승리자여!
   공부하고, 토론하고, 가르치지,

그것이 교회에 봉사하는 길,
그녀에게 이성을 주신 그분은
그녀의 무지를 원치 않으시지.
승리자여, 승리자여!

아, 막센티우스 황제의 부름에
그들은 얼마나 거만하게 왔겠는가!
그러나 우쭐대며 들어간 이들
그녀에게 탄복하며 나왔구나.
승리자여, 승리자여!

설득당한 이들 모두가
칼 아래 목숨을 잃었도다,
그러나 성녀가 아니었으면
얼마나 더 큰 것을 잃었을까!
승리자여, 승리자여!

그 어떤 저명한 남성에게서도
그런 영광을 보지는 못했네,
주님께서는 원하셨구나,
그녀를 통해 여성성을 기리기를.
승리자여, 승리자여!

태양이 열여덟 번을 돌면서
그녀의 꽃다운 삶도 끝났네,
그러나 그 지식을 헤아리려면
얼마나 수없는 시간이 걸릴까?

승리자여, 승리자여!
  그녀의 박식한 논증이 모두
사라졌구나(쓰라린 고통이여!),
하지만, 그녀는 잉크가 아니라
피로써 적은 것을 남겼구나.
승리자여, 승리자여!
  학문의 제단을 지키는
수호자이자 보호자여,
현인을 성인으로 변화시키니,
늘 현인들을 지켜 주시길.
승리자여, 승리자여!

서극

Loa

367

성찬신비극 「거룩한 나르키소스」를 위한 서극(序劇)

등장인물

옥시덴테(El Occidente)[1] 종교(La Religión)

아메리카(La América) 음악(Música)

열정(El Celo) 군인들(Soldados)

제1막

(젊은 인디오 청년 옥시덴테가 왕관을 쓰고 나타난다. 그 옆에서는 망토를 쓰고 머리 장식을 한 인디오 귀족 여인 아메리카가 토코틴[2]을 부른다. 두 사람이 의자에 앉자 남녀 인디오들이 이런 예식에 전통적으로 쓰이는 깃털과 악기를 손에 들고 춤을 춘다. 그들이 춤을 추는 동안 음악이 노래한다.)

---

1 유럽인의 관점에서 봤을 때 서방인(西方人), 즉 아메리카인들을 말한다.
2 음악 반주에 맞춰 추는 멕시코 전통 춤.

음악

고귀한 멕시코인[3]들이여,

그들의 옛 계보는

태양이 빛을 쏘기 시작한

그곳에서 비롯되나니,

오늘은 일 년 중에

우리의 최고의

신[4]을 경배하는

축복받은 하루라,

오늘은 그대의 지위에 맞게

잘 꾸미고 오시라,

그리고 그 신앙을

기쁘게 맞이하라,

그리고 화려한 축제 통해

전능하신 씨앗의 신[5] 찬양하라!

그리고 우리 지방의

모든 풍요로움은

---

3   17세기 당시에 멕시코인이란 오늘날 '아스테카'라 불리는 부족의 원주민인 '멕시카'족을 의미한다.
4   당시 멕시카 부족의 최고신 가운데 하나로 전쟁을 주관하는 우이칠로포치틀리(Huitzilopochtli)를 지칭한다.
5   우이칠로포치틀리를 지칭한다. 이 신을 의미하는 상징물로 아스테카의 강정이라 할 수 있는 아마란스 씨앗과 벌새 등이 있다. 아스테카인들은 아마란스꽃과 씨앗을 인신 공양 예식에 썼기 때문에 스페인 정복 후에 재배가 금지되기도 한다.

이 땅을 기름지게 하시는
그분께 빚진 것이니,
경건한 마음으로
그분께 합당한 예물을 바치라.
올해의 풍성한 수확에서
햇곡식을 모두 바치라.
너희 혈관에서
가장 깨끗한 피를 바치라,
그 피를 모두 섞어
그분을 기리는 데 쓰이게 하라.
화려한 축제의 행렬 속에
위대한 씨앗의 신 경배하라!

(옥시덴테와 아메리카가 자리에 앉고 음악이 멈춘다.)

옥시덴테
내 땅에서 엄숙하게 숭배받는
모든 지고의 신들 가운데,
그토록 신이 많아도 유독
그 수가 이천을 넘어가는
이 찬란한 왕국의 도시에서는
피로 물든 희생 제물로
뜨거운 인간의 피와

고동치는 그들의 내장과
아직 숨 쉬는 심장을
그들에게 바치나니,
다시 말하지만, 아무리
그들 숫자가 많다 해도,
그 모든 신들 가운데
내 눈길 끄는 최고의 신은
위대한 씨앗의 신이라.

아메리카
그리고, 당연한 이유지만,
그분만이 우리 왕국을
지탱하고, 풍요로운 모든
열매는 그분의 덕분이죠.
그분은 다른 모든 신들이
수렴되는 최고의 은혜라,
그것은 다름 아닌 생명의
보존이니, 그분이야말로
우리가 기리는 최고의 신이오.
광산의 황금이 넘쳐 나서
아메리카가 부자 된다 한들
무슨 소용 있겠소,
광산의 독기 피어올라

들판을 황폐하게 만들어
비옥한 경작지에 아무
열매도 싹트지 않는다면?
그분의 보호는 단지
눈에 보이는 음식으로
육신의 양식을 보호하는
데에 그치지 않도다.
그 후에 당신의 살로
귀한 음식 만들어 주시니,
육체의 때를 벗어 버리고
정화된 그것이
얼룩진 우리 영혼을
깨끗하게 해 주도다.
그러니, 그분을 받들며,
모두 나와 함께 외쳐요.

그 일행과 음악
화려한 축제 통해
전능하신 씨앗의 신 찬양하라!

제2막

(그들이 춤을 추며 퇴장하고, 스페인 숙녀의 모습을 한 그리스도교 '종교', 무장한 총사령관 모습의 '열정', 그리고 스페인 '군인들'이 뒤따라 등장한다.)

종교

그대는 '열정'임에도 불구하고,
그리스도교 분노를
억누르시오? 헛되이
맹목적으로 그리스도교 종교를
모욕하며 미신의 의식을
통해 사람들이
우상을 찬양하는 것을 보면서도?

열정

종교여, 내가 가만히 있다고
그리 성급하게 불평하지 말고,
내 인내심을 뭐라 하지 마시오.
나 이미 팔을 높이 쳐들고,
이미 칼을 빼어 들었으니,
그대 복수를 위해 오노라.
그대는 저쪽으로 물러서시오,

내가 당신 굴욕 복수하리니.

(옥시덴테와 아메리카가 춤을 추며 퇴장하고, 다른 쪽에서 음악이 동료와 함께 들어온다.)

음악
화려한 축제 통해
전능하신 씨앗의 신 찬양하라!

열정
그들이 도착했으니, 내가 가야겠군.

종교
나도 함께 가겠어요. 그대의
분노가 그들을 덮치기 전,
자비가 나를 이끌어
그들에게 평화로 초대하여
내 믿음을 받아들이도록.

열정
그러면 같이 갑시다. 이미 그들의 어리석은
의식이 시작되었으니.

음악

화려한 축제 통해

전능하신 씨앗의 신 찬양하라!

(열정과 종교가 등장한다.)

종교

강성한 옥시덴테,

아름답고 부유한 아메리카여,

그 많은 보물에 둘러싸여

그토록 가련하게 사는가?

악마가 그대를 부추기는

불경한 믿음을 버려요.

눈을 뜨시오! 내 사랑이

그대에게 권하는

참된 교리를 따르시오.

옥시덴테

하늘이시여! 여기 나타난

이 낯선 사람들은 누구인가?

어찌하여 감히 축제를 막고

나의 기쁨을 뺏어 가려 하는가?

아메리카

생전 본 적 없는 외국인이
내 오랜 권위에서 나오는
특권에 반대하며 나서는 것이오?

옥시덴테

오 그대, 이방의 아름다움이여,
오 그대, 순례길의 여인이여!
내 기쁨을 어지럽히러 온
그대여, 이름을 말해 주오.

종교

나는 그리스도교 종교요,
그대 지방이 나의 신앙으로
하나 되기를 소망해요.

옥시덴테

큰 것도 바라는구나!

아메리카

지금 미친 것 아니오!

옥시덴테

이룰 수 없는 꿈을 꾸고 있군!

아메리카

미친 게 틀림없으니 내버려두어요,
우리의 제사나 계속합시다!

음악과 그 일행

화려한 축제 통해
전능하신 씨앗의 신 찬양하라!

열정

야만의 서방이여,
눈먼 우상 숭배여,
어찌하여 내 사랑하는 아내
종교를 무시하는가?
보라, 너의 악행은
이미 한계를 넘었고,
하느님께서는 네가 계속
죄짓는 것을 허락하지 않으시고
너를 벌하시려 날 보냈느니라.

옥시덴테

그대는 누구요? 그 얼굴만 보아도
두려움이 몰려오는구려.

열정

나는 열정이다. 무엇을 놀라느냐?
너의 방종이 종교를
무시할 때, 너의 오만함을
벌주고 갚아 주기 위해
내가 왔노라.
나는 신의 사자이다.
너의 폭정이 극에
달했음을 보면서,
그 오랜 세월 잘못된 길을
걷는 너를 지켜보다 지쳐서
너를 벌하라고 날 보내셨도다.
그리하여 강철 번개를 휘두르는
이 무장된 군대는
신의 분노가 보낸 사자이고,
그 노여움의 도구이니라.

옥시덴테

어떤 신이, 무슨 잘못, 무슨 실수로

대체 내게 어떤 벌을 주겠다는 것이오?
나는 그대 말을 알아들을 수 없고,
저 멀리 희미하게나마
그대 이름 들은 적도 없소. 어찌
감히 이토록 대담하게
우리 백성이 마땅히 드리는
제사를 방해한다는 말이오.

음악
화려한 축제 통해
전능하신 씨앗의 신 찬양하라!

아메리카
야만인, 미친 자, 눈먼 자여,
도저히 이해할 수 없는 말로
고요하고 평온한 가운데
평화를 누리는 우리 안식을
어지럽히는 것이오. 그 짓을 멈추어요,
그러지 않으면, 한 줌 먼지가 되어
바람조차 너의 존재를
찾지 못할 것이니!
그리고 남편이여, 그리고 그대 신하들이여,
(옥시덴테에게)

그들의 말에
귀와 눈을 닫고
허황된 말을 무시하세요.
그리고, 외부의 무모한
이방인들이 방해하려 하지만
절대 넘어가지 말고
제사를 계속 진행합시다.

음악

화려한 축제 통해
전능하신 씨앗의 신 찬양하라!

열정

그렇다면, 첫 번째 평화의
제안을 건방지게 거부하니,
두 번째 전쟁의 길을
받아들이는 것이로구나.
무기를 들어라! 전쟁이다, 전쟁!

(북소리와 나팔 소리가 울려 퍼진다.)

옥시덴테

하늘이 내게 보내는 이 불길한

조짐은 무엇인가? 한 번도
본 적 없는 이 무기는 무엇인가?
아, 경비병! 병사들이여!
늘 준비된 화살이 있지 않으냐,
시위를 당겨라!

(무대 밖의 소리:)

무기를 들어라! 전쟁이다, 전쟁!

(악기의 연주)

스페인 만세! 국왕 폐하 만세!

(전투가 시작되자, 인디오들이 한쪽 문으로 들어갔다가 다른 문으로 도망쳐 나오고, 스페인 사람들이 그들을 추격한다. 그 뒤에는 옥시덴테가 종교로부터 떨어지고, 아메리카가 열정으로부터 떨어져 도망친다.)

제3막

종교

항복하시오, 거만한 옥시덴테!

옥시덴테

이제 내가 그대 이성이 아니라,

그 용맹에 항복해야 할 때로구나.

열정

거만한 아메리카, 죽어 버려라!

종교

열정이여, 기다려요, 그녀를 죽이지 말아요,

그녀를 살려 두어야 해요.

열정

그대는 어찌 그녀를 보호하시오,

그대를 모욕하지 않았소?

종교

맞아요. 하지만 그녀를 쓰러뜨린 것은

그대의 용기 덕분이었지만,

그 생명을 보존하는 것은

내 자비에 달려 있어요.

그녀를 힘으로 이기는 것은

그대의 몫이었으나, 부드러운

설득을 통해 이성으로

굴복시키는 것은 내가 해야 할 일이오.

열정

그대 이미, 눈먼 자들이

당신의 믿음 혐오하는 오만함을

보았으니, 차라리 모두 죽는 것이

낫지 않겠소?

종교

열정이여, 당신 정의를 멈추어요,

그들에게 죽음을 주지 말아요.

그들이 죽어 가는 것을 나의

온화한 본성이 원치 않아요. 반대로

회개하고 살아남기를 원하지요.

아메리카

나를 죽이지 말라고 청하고,

그대 동정심을 보이는 이유가,

처음에는 강압적으로,
나중에는 지성적인 무기로
나를 오만하게 굴복시킬 것이라
기대하기 때문이라면,
완전히 헛짚었소.
내 비록 사로잡혀 눈물 흘려도,
나의 자유, 자유로운
나의 의지는 더욱 굳세게
나의 신들을 경배하리라!

옥시덴테

내가 이미 말하지 않았소,
힘이 없어 어쩔 수 없이 그대에게 굴복한다고.
그렇다 해도, 명백한 점은
그 어떤 힘이나 폭력도
의지의 자유로운 작동을
막지는 못한다는 것이오.
그래서 비록 붙잡혀 신음해도
나를 막지는 못할 것이오,
내 가슴속에서 외치는
이 소리를 막을 수 없을 것이오,
위대한 씨앗의 신을 경배한다고!

제4막

종교

잠깐, 내가 그대에게 내미는 것은
폭력이 아니라 부드러운 손길이오.
당신이 경배하는 신은 어떤 분이오?

옥시덴테

그분은 땅을 비옥하게 하시어
열매를 맺게 해 주시는 신이시라.
하늘도 그분께 고개를 숙이고,
빗줄기도 그분께 복종하니,
결국, 그분은 우리 죄 씻어 주시고
그와 더불어 먹을 양식 만들어
우리에게 베푸시니,
그대가 확인해 보라,
내가 묘사하는 이분보다
더 자비로운 신이 있는지,
이분보다 더 은혜로운 신이 있는지.

종교

(옆에서)
하느님 맙소사! 이 그림들,

모조품들, 혹은 수수께끼 같은 말들,
지극히 거룩한 우리 진리를
이렇게 거짓되게 하는 거죠?
오, 간교한 뱀!
오, 독을 품은 독사여!
오, 해로운 독기 머금은
일곱 개의 입으로 독즙을
내뿜는 히드라여!
그 악독함이 어디까지 미쳐
하느님의 놀라운 기적을
흉내 내려 하는 거요?
그러나 그 속임수마저,
하느님께서 내 혀에 힘을 주신다면,
깨닫게 하고 말리라.

아메리카

무엇을 골똘히 생각하오?
당신 작품을 우리에게 이롭게
확인해 주시는 저분 외에는
다른 신이 없다는 게 안 보이는 것이오?

종교

바오로 사도의 가르침을

따라 말해야겠소.
그분이 아테네인들에게 설교할 때,
알게 된 것이, 새로운 신을
들이려 시도하는 자는
죽임당하게 하는 법이 있었으니,
사람들이 '알지 못하는 신에게'
제단을 바친다는 소식에
사도는 이렇게 말씀하셨소.
"여러분이 알지도 못하고
숭배하는 그 대상을
내가 여러분에게
선포하려고 합니다."[6]
그래서, 나도 말하노니, 들으시오,
옥시덴테여, 눈먼 우상 숭배자들이여,
내 말 듣는 것이 곧
그대 모두의 행복이니!
    그대가 이야기하는 기적들,
그대가 알리는 경이로움,
미신의 장막 아래
희미하게 드러나는
그 표징과 흔적들,

---

[6] 「사도행전」, 17장 23절.

그대 거짓 신들에게
원인을 돌리면서
변질시킨 그 신비로움,
모두가 참된 하느님 작품이요,
그분 지혜에서 나온 것이라.
꽃이 만발하게 피어 있는
초원이 비옥해지고,
들판이 풍요로워지며,
열매가 풍성하게 맺히고,
씨앗이 자라나고,
비가 내리는 모든 것이
솜씨 좋은 그분의 작품이다.
땅을 일구는 농부의 손도,
대지를 적시는 빗줄기도,
생명을 깨워 내는
태양의 열기도, 생명의 숨결
주시는 그분의 넉넉한
섭리 없이는 풀 한 포기
키우지 못하네.

아메리카
당신 말이 사실이라면,
말해 보시오. 그토록 자비로운

신이라면, 여기 직접 내 손으로
씨앗과 무고한 피로
만들어 놓은 우상처럼,
오로지 신과의 접촉을 위해
피를 흘린 그분처럼
내 손으로 그 신을
만져 볼 수 있는지?

종교

비록 그 거룩한 본성이
눈에 보이지도 않고 광대하지만,
이제 우리의 본성과
하나가 되었기에,
너무도 인간적으로 우리에게
다가와, 감히 자격조차 없는
사제들의 부끄러운 손으로
당신을 만지게 허락하시노라.

아메리카

그 점이라면, 우리도 동의해요.
우리의 신도 워낙
특별하고 까다로우서서
당신을 섬기는 사제들 외에는

누구도 감히 손댈 수 없으니.
손대는 것은 물론
그분 성소에 들어가는 것조차
평신도에게는 허락되지 않소.

열정
오, 경배하라, 진정한 신에게 그것을
드리는 것이야말로 더욱 복되도다!

옥시덴테
그렇다면 말해 주오, 이미 많이
말했지만. 그 신도 희생 제물로
바쳐진 피를 마시고,
그리고 씨앗을 먹으며
만들어진 것이오?

종교
내가 이미 말했어요, 그분의
무한한 권능은
물질적인 것이 아니라고.
그분의 자비로운 인성은
미사의 거룩한 희생 제의에
피 흘림 없이 현존하시며,

순결한 형상 안에서
밀의 씨앗을 통해
드러내시니, 그분의 살과 피로
변화하죠. 그리고 성배에 담긴
그분의 피는 십자가 제사에
바쳐진 무고하고 순결하고
깨끗한 것이라,
세상의 구원이 되셨소.

아메리카
그처럼 듣도 보도 못한 일을
내가 믿어야 하는지,
그렇게 묘사된 그 신이
그토록 자비롭다면
내가 숭배하는 저 신처럼
자신을 양식으로 내줄 수 있겠소?

종교
물론이오, 오로지 그것을 위해
지혜 자체인 그분이
사람들 사이에 거하시는 것이니.

아메리카

그렇다면 내가 확신을 하기 위해
그 신을 봐야 하지 않겠소?

옥시덴테

그래야 단 한 번에
내 의심도 날아가지 않겠는가?

종교

물론 보게 될 것이오,
그대가 세례를 통해 맑은 샘물에
몸을 씻는다면.

옥시덴테

나는 이미 알고 있소,
풍요로운 식탁에 앉기 전에
몸을 씻어야 한다는 것을.
그것은 내 오랜 관습이오.

열정

이것은 단순히 몸에 묻은
더러운 것을 씻는 것과는 다르다.

옥시덴테

무엇이 다르다는 것이오?

종교

성사의 은총은
순수한 물을 통해
그대 죄를 씻어 주지요.

아메리카

너무 요약해서 말을 하니
내가 완전히 이해할 수 없군요.
그러니 자세히 그것을
듣기를 원해요.
이미 신성한 영감이
나를 덮쳐 그것을 알고 싶어 하나니.

옥시덴테

나야말로 더 알고 싶구나,
빵 속에 현존하고 있다는
그 위대한 신의 삶과 죽음을.

종교

그렇다면 좋아요. 수사학적

색채로 치장되어
그대 눈에 보이는
은유적 사고 속에
그걸 보여 주겠어요.
나는 이미 알고 있어요,
믿음이 귀를 통해
당신에게 전하는 것보다
눈에 보이는 사물에
더욱 기울어진다는 것을.
그러니, 그대가 믿음을
받아들이기 위해서는
눈을 통해야 하겠군요.

옥시덴테

그렇소. 나는 직접 보고 싶소,
그대가 말로 전하는 것보다는.

제5막

종교

이제 시작합시다.

열정

종교여, 말해 보시오.
어떤 방법으로 거룩한 신비를
재현하려 하는지?

종교

성찬신비극의 알레고리를 통해
그들에게 직접 보여 주겠어요.
그래서 아메리카와
모든 옥시덴테(서방) 세계가
알고자 청했던 바를
깨달을 수 있도록.

열정

그 알레고리 성찬신비극의
제목은 무엇이오?

종교

「거룩한 나르키소스」예요. 왜냐하면
저 불행한 아메리카가
그토록 기이한 표지를 가진
우상을 숭배하고,
사탄이 그 우상을 통해

거룩한 성체성사의

깊은 신비를 흉내 내려 했다면,

그녀 또한 알아야 할 테니.

그녀의 이교도들 역시

이렇듯 위대한 경이로움의

징표를 가지고 있음을.

열정

어디서 상연을 할 것이오?

종교

면류관을 쓴 마드리드 도성이오,

그곳은 믿음의 중심이요,

가톨릭 부부왕[7]의

옥좌가 있는 곳이라.

그분들에게 인디아스[8]는

옥시덴테에서 빛나고 있는

---

7   가톨릭 부부왕(Reyes Católicos)이란 부부 사이인 이사벨 여왕과 페르난도 왕을 일컫는다. 이들은 1469년 결혼하여 부부가 되었으며, 1474년에 이사벨이 카스티야 왕국의 왕위를 차지하고 1479년에 페르난도가 아라곤 왕국의 왕위를 물려받으면서 스페인 국토의 통일을 이룩했다. 여세를 몰아 이들은 1492년 그라나다 나사리 왕국의 아랍인들을 몰아내고 국토수복전(Reconquista)을 완성한다.
8   당시 아메리카 대륙에서 인디아스(Indias)라 하면 아메리카 대륙을 의미한다. 이는 콜럼버스가 아메리카 대륙에 도착했을 때 신대륙이라는 사실을 모르고 동양(인도)에 도달한 것으로 믿은 데에 기인한다.

복음의 빛을 빚졌으니.

열정

그런데, 멕시코에서 쓴 것을
마드리드에서 상연하는 것이
이상하지는 않겠소?

종교

그렇다면 한 곳에서 한 일이
다른 곳에서 쓰이는 일을
본 적 없다는 것이오?
게다가 그것을 쓴 것은
기분 내키는 대로 나온 게 아니라
불가능한 일조차 열망하는
당연한 순명이오.
그러니 작품이 조금
거칠고 세련되지 못할지라도,
그것은 순명의 영향이지,
무모함의 결과는 아니오.

열정

그러면 말해 보시오, 종교여,
기왕 그 얘기를 했으니.

인디아스를 등장시키면서도,
그들을 마드리드로 데려간다는
비판에는 어찌 맞설 것인지?

종교
그 작품은 오직 거룩한 신비를
기리는 것만 바라보기에,
그 등장인물들은
추상적인 존재일 뿐, 그들은
말하고자 하는 바를
형상화했을 뿐이니,
설령 마드리드로 데려간들
반대할 건더기가 없을 거예요.
지적인 종자들에게는
아무리 멀어도 장애가 되지 않고,
바다도 그 길을 막지 못할 테니까.

열정
그러므로, 두 세계가 만나는
국왕 폐하 발아래
엎드려 용서를 빕시다.

종교

그리고 그 빛나는 왕비 마마께도.

아메리카

그 존엄한 발에

인디아스가 겸손하게 입 맞춥니다.

열정

그분의 최고 자문회의에도.

종교

그 반구(半球)를 비추는

귀부인들에게도.

아메리카

그곳의 뛰어난 지성들에게

겸손히 간청하는바,

거친 몇 줄의 글로

그토록 깊은 신비를 묘사하려

한 저를 용서하시길.

옥시덴테

가자! 이제 고뇌 끝에

내게 양식을 주시는
신이 어떤 분인지 보고 싶구나.

(아메리카, 옥시덴테, 열정이 함께 노래하며:)

이제 인디아스가
진정한 씨앗의 신을
알게 되었다
고백을 하니,
기쁨이 정련된
눈물을 머금고,
환희의 목소리로
기쁨의 노래를 불러라.

모두

위대한 씨앗의 하느님을
알게 된 복된 날이여!

(춤추고 노래하며 퇴장한다.)

해설

성찬신비극 「거룩한 나르키소스」를 위한 서극(序劇)
Loa para el auto sacramental de *El divino Narciso*

　이 작품은 성찬신비극(auto sacramental)의 서론 역할을 하는 로아(loa)다. 로아란 본극(本劇)이 무대에 오르기 전에 그것을 소개하는 짧은 극이기에 '서극'이라고 번역하는 것이 적절할 것 같다. 성찬신비극(聖餐神祕劇)이란 중세 시대 방랑 시인의 거리 공연으로 시작해서 점차 궁정극으로 발전하는 종교극이다. 16~17세기의 스페인 황금 세기에 전성기를 맞이했고 18세기에 들어와 계몽주의 영향으로 쇠퇴하다가 1765년 최종 금지령이 내려진다. 가톨릭교회의 삼위일체, 성찬의 신비, 최후의 심판 교리나 성경 내용 등이 알레고리 기법을 기반으로 춤과 노래를 통해 공연되었다. 주로 반종교개혁(가톨릭 종교개혁)의 이념에 충실한 바로크 성향의 작품들이 쓰였다. 주요 작가로는 황금 세기 최고의 극작가이자 현대극에도 많은 영향을 끼친 칼데론 데 라 바르카, 스페인 국민 극작가로 불리는 로페 데 베가, 돈 후안(Don Juan) 신화를 탄생시킨 티르소 데 몰리나 등이 있다.
　소르 후아나 역시 아메리카를 대표하는 작가로서 세 편의 성찬신비극을 썼는데, 그중 하나가 「거룩한 나르키소스」와 그 서극이다.

이 서극은 스페인 정복자의 그리스도교 신앙과 원주민 토착 신앙 사이의 갈등을 보여 주지만, 결국은 두 가지 믿음이 평화롭게 융합하여 원주민들이 새로운 신앙을 받아들이면서 끝난다. 첫 장면에서는 '옥시덴테'와 '아메리카'로 분장한 원주민들이 '씨앗의 신'을 섬기며 인간을 제물로 바치는 제사가 그려진다. 이후 그리스도교를 대표하는 '종교'와 '열정'이 등장해 원주민들의 미신을 비판하고 참된 신앙의 길을 설득한다. 여기서 '열정'은 영토를 정복하는 군인, '종교'는 영혼을 정복하는 사제의 역할을 담당한다. 믿음이 충돌하는 스페인 군대와 원주민들 사이에 잠시 전투가 벌어지지만, '종교'는 살육 대신 자비와 이성을 통해 원주민들을 설득하고 '진정한 신'을 향해 회개시키는 노력을 한다. 여기서 진정한 신이란 물론 '거룩한 나르키소스'인 예수 그리스도다. 인간은 원죄로 인해 신성을 상실하고 타락하는데, 자신의 모상에 따라 창조된 인간에게서 자신의 아름다움을 확인한 나르키소스, 즉 예수가 무한한 사랑을 통해 자신을 희생하고 인간과 화해하여 인간의 구원을 이끈다.

성찬신비극은 아메리카 대륙에서 원주민들을 복음화하고 그 신앙을 고양하기 위해 필요한 문학 장르였다. 「거룩한 나르키소스」 역시 구대륙과 신대륙 문화가 충돌하지만 결국 융합하는 모습을 알레고리 기법을 통해 보여 준다. 중요한 점은 그리스도교 신앙을 일방적으로 강제하지 않고 토착 신앙을 최대한 존중하고 이해한다는 것이다. 즉 소르 후아나는 원주민 문화와 종교에 대한 깊은 이해를 바탕으로 아스테카 신앙과 그리스도교 신앙의 유사성을 강조하면서 평화롭고 논리적인 설득을 시도한다. 이는 토난친 여신을 섬기는 곳에 발현한 과달루페의 성모처럼 두 가지 믿음이 모순 없이 어우러지는 복음의 토착화다.

「거룩한 나르키소스」에서 두 믿음의 화해는 등장인물인 아메리카가 '종교'에게 이렇게 묻는 장면에서 확인된다. "내가 숭배하는 저 신처럼 자신을 양식으로 내줄 수 있겠소?" 소르 후아나가 보기에, 자신을 희생하여 먹힘으로써 인간 생명을 보존해 주는 '씨앗의 신'과 십자가에 못 박혀 돌아가신 예수 그리스도는 본질적으로 같은 사랑을 가지고 있는 신이다. 다만 예수의 자비로운 인성으로, 흘리는 피가 인간에게 요구한 것이 아니라 자신의 것이라는 점이 극적인 대비를 이룰 뿐이다. 이에 아메리카의 원주민들과 그리스도교 신자들이 입을 모아 진정한 씨앗의 신, 위대한 씨앗의 하느님을 노래하며 이 바로크 종교극은 막을 내린다. 성찬신비극 「거룩한 나르키소스」와 서극은 1689년 마드리드에서 처음 상연되었고, 1692년 출간된 소르 후아나의 두 번째 작품집 『제2권』에 수록되었다.

산문

Prosa

405

필로테아 수녀님에 대한 답신

지극히 경애하는 수녀님,

저의 답장이 이렇게 여러 날 늦춰진 것은 제 의지 때문도, 제 허약한 건강 상태 때문도, 응당 가질 수 있는 두려움 때문도 아니었습니다. 제 둔감한 펜을 들자니 저는 처음부터 거의 불가능하다고 생각되는 두 가지 문제에 직면했습니다. (제게는 더 심각한) 첫 번째 문제는 학식이 뛰어나고, 매우 신중하고 성스러우며, 또한 사랑스럽기 그지없는 당신의 편지에 어떻게 답해야 할지 모르는 것입니다. '천사적 박사'로 불린 토마스 아퀴나스 성인이 스승 알베르투스 마그누스[1] 앞에서 침묵을 지키는 이유를 질문받았을 때 감히 스승에게 합당한 답을 찾을 수 없어서 입을 다물었다고 대답했는데, 하물며 저는 얼마나 더 침묵해야 하겠습니까? 결코 성인처럼 겸손해서가 아니라, 실제로 감히 당신에게 합당한 말을 찾을 수가 없기 때문입니다. 두 번째 불가능한 문제는 저의 거친 초고를 인쇄해 주신 예상치 못한 호의를 어떻게 감사해야 할지 모르겠다는 것입니다. 헤아릴 수 없을 만큼 크나큰 그 은혜는 아주 야심 찬 희망이나 환상적

---

[1] 알베르투스 마그누스(Albertus Magnus, 1193~1280)는 독일 도미니코 수도회 소속으로 레겐스부르크 주교를 지냈고, 토마스 아퀴나스의 스승으로서 그와 함께 스콜라 철학을 완성했다.

인 욕심마저 뛰어넘는 것입니다. 그것은 이성적인 존재로서 아무리 생각해 봐도 제 사고를 뛰어넘는 선물이었습니다. 결론적으로 말해, 당신의 호의가 너무도 크기에 감사하는 제 마음을 한정된 언어로 표현할 수 없습니다. 그 은혜는 크기도 하거니와 예상치 못한 일이었기에 보답할 수 있는 용량을 넘어섭니다. 퀸틸리아누스[2]가 말했듯이, 희망은 작은 찬양을 낳고 혜택은 더 큰 찬양을 낳습니다.[3] 그리고 그것이 너무도 크면 수혜자의 말문마저 막히는 것입니다.

기적적으로 아이를 가진 행복한 불임 여성인 세례자 요한의 어머니가 자기 집에서 말씀이 사람이 되신 어머니[4]의 놀라운 방문을 받으면서 이해력이 흐려지고 말문이 막혀 버렸습니다. 그래서 그녀는 감사의 마음 대신 의심과 의문에 빠졌습니다. "이런 일이 어찌 내게 일어났다는 말인가?"[5] 이스라엘의 왕으로 선출되고 기름 부음을 받은 사울에게도 같은 일이 일어났습니다. "저는 이스라엘의 지파 가운데에서도 가장 작은 벤야민 지파 사람이 아닙니까? 그리고 저의 가문은 벤야민 지파의 씨족들 가운데에서도 가장 보잘것없습니다. 그런데 어찌하여 저에게 그런 말씀을 하십니까?"[6] 그래서 저도 이렇게 말합니다. "경애하는 수녀님, 어디서 이토록 큰 은혜가 제게 오는 것입니까? 저는 그저 가장 비천한 수녀에 지나지 않고, 세상에

---

2   퀸틸리아누스(Quintilianus Marcus Fabius)는 서기 1세기 로마 제정 초기의 수사학자다.
3   "Minorem spei, maiorem benefacti gloriam pereunt."
4   예수님을 잉태한 성모 마리아를 지칭한다.
5   "Et unde hoc mihi?"
6   「사무엘기 상권」, 9장 21절.

서 가장 하찮은 존재로서 당신의 관심을 받을 자격이 제일 없습니다. 그런데 어찌하여 당신은 제게 그렇게 말씀하시는 것입니까? 대체 어디서 제게 이런 일이 오는 것입니까?"

첫 번째 불가능한 문제에 대해서는 제가 당신의 눈에 들 만한 가치가 없다고 대답할 수밖에 없습니다. 두 번째 불가능한 문제에 대해서도, 제가 당신에게 빚진 것 가운데 가장 작은 부분에 대해서조차 저는 감사를 드릴 능력이 없다는 말씀을 드리며, 감사보다는 감탄의 표시를 드릴 수밖에 없습니다. 수녀님, 이것은 거짓된 겸손이 아니라 제 마음 깊은 곳에서 나오는 솔직한 진심입니다. 당신이 아테나 여신에 버금가는 편지[7]라고 부르신 편지가 인쇄되어 제게 도착했을 때, 저는 혼란스러워서 눈물을 흘리고 말았습니다(이는 제게 흔히 일어나는 일이 아닙니다). 왜냐하면 당신의 호의는 제가 하느님 기대에 부응하지 못하는 것에 대한 하느님의 꾸지람에 지나지 않는 것 같았기 때문입니다. 주님께서는 다른 이들을 처벌로 바로잡으시는가 하면 저를 은총을 통해 복종시키십니다. 저는 제가 주님의 무한한 은혜를 한없이 받았을 뿐만 아니라 특별한 은총을 빚지고 있다는 점을 잘 알고 있습니다. 하지만 이는 동시에 저를 부끄럽게 하고 혼란스럽게 하는 특별한 방식이기도 합니다. 제 지식을 통해 자신의 배은망덕을 스스로 판단하고 단죄하는 역할을 하라고 맡

---

7   Carta Atenagórica는 「아테나 여신에 버금가는 편지」라고 번역되었듯이 아테나 여신을 지칭한다고 간주되어 왔으나, 최근에는 아테나고라스를 지칭한다는 의견도 있다. 아테나고라스는 2세기에 알렉산드리아 학파를 이끈 초대 그리스도교 교부다.

기는 보다 정교한 처벌 방법이기 때문입니다. 저는 이 점에 대해 홀로 묵상하면서 이렇게 말하곤 합니다. 주님은 축복받으소서. 당신은 저를 심판하며 다른 어떤 피조물의 손에 맡기기를 원치 않으셨을 뿐만 아니라 제 손에도 맡기지 않으셨습니다. 당신은 그 책임을 당신 자신이 간직하시면서 저를 자신으로부터, 그리고 제가 스스로에게 내릴 판결로부터 자유롭게 해 주셨습니다. 저의 지식에 의해 스스로 부과할 판결이 당신의 심판보다 더 클 수도 있다는 점을 아시는 당신은 그것을 당신의 자비로움에 유보해 두셨습니다. 당신은 저보다도 저를 더 사랑하시기 때문입니다.

  수녀님, 진리의 힘이 주는 중압감으로 인해 횡설수설하는 것을 용서해 주십시오. 제가 만일 모든 것을 고백해야 한다면 그것 역시 대답하는 어려움을 벗어날 피난처를 찾는 것이기도 하기에, 저는 사실상 거의 모든 것을 침묵 속에 두기로 결심했습니다. 비록 해명하지 않는다는 것을 강조함으로써 많은 것을 설명할 수는 있지만, 침묵은 어쨌든 부정적인 것이기 때문에 침묵의 의도를 이해할 수 있도록 간단한 설명을 해 드릴 필요가 있습니다. 그러지 않으면 침묵은 아무 말도 하지 않을 것입니다. 왜냐하면 침묵의 본래 일이 그것, 즉 아무 말도 하지 않는 것이기 때문입니다. 주님이 선택하신 신성한 그릇[8]은 셋째 하늘로 들어 올려졌고 하느님의 신비로운 비밀을 보았는데, 성경은 이렇게 말합니다. "그는 발설할 수 없는 말씀을 들었는데, 그 말씀은 어떠한 인간도 누설해서는 안 되는 것이었습니

---

8   사도 바오로를 의미한다. 「사도행전」, 9장 15절 참고.

다."⁹ 그는 본 것을 말하지 않고, 그것을 말할 수 없다고 말합니다. 따라서 적어도 말할 수 없는 것은 말할 수 없다고 말해야 합니다. 그러면 침묵한다는 것은 말할 것이 없다는 것이 아니라 말해야 하는 많은 것을 목소리에 담을 수 없음을 의미할 뿐이라는 점을 이해하게 될 것입니다. 요한 성인은 구세주께서 행하신 모든 기적을 기록한다면 온 세상을 그 책으로 뒤덮고도 모자랄 것이라고 말합니다. 이 점에 대해 비에이라[10] 신부님은 이 하나의 문장을 통해 요한 복음사가는 그가 쓴 다른 모든 것보다 더 많은 걸 말하고 있다고 말합니다. '루시타니아의 불사조'[11]가 한 말씀은 너무도 지당합니다(하지만 그분이 잘 말하지 않을 때조차 과연 잘 말하지 않는 때가 있을까요?). 왜냐하면 여기서 성 요한은 말하지 않은 모든 것을 말하고 있고 표현하지 않은 것을 표현하고 있기 때문입니다. 수녀님, 저 역시 제가 어떻게 대답해야 할지 모른다는 것만 대답하겠습니다. 그리고 제가 감사를 드릴 능력조차 없다는 말씀을 드리면서 감사의 인사를 드리겠습니다. 그리고 제가 침묵으로 남겨 둔 부분을 간략히 설명하면서, 은혜를 허락받은 여자로서의 자신감과 명예로운 분의 보호하에, 감히 당신과 얘기를 나눌 수 있다고 말씀드리고 싶습니다. 만일 이것이 어리석은 생각이라 하더라도 용서해 주시길 바랍니다. 왜냐

---

9 「코린토 신자들에게 보낸 둘째 서간」, 12장 4절. 소르 후아나는 '말씀'을 들은 사람을 사도 바오로라고 간주하지만, 실제로는 바오로도 남의 말을 옮긴 것이다.
10 안토니우 비에이라(António Vieira, 1608~1697)는 포르투갈 예수회 소속의 사제이자 철학자였다. 높은 학문과 뛰어난 강론으로 유명했으며 포르투갈 왕실 자문위원이었다.
11 안토니우 비에이라 신부를 지칭한다. 루시타니아는 포르투갈의 옛 지명이다. 한편, 소르 후아나는 '멕시코의 불사조'라 불렸다.

하면 이는 당신의 과분한 친절에 응답하면서 더 구체적인 말씀을 드리고, 당신은 제가 드리는 감사의 마음을 더욱 잘 이해하실 수 있는 행운의 기회가 될 수도 있기 때문입니다.

모세는 말을 더듬었기 때문에 파라오와 대화할 자격이 없다고 생각했지만, 나중에 하느님의 큰 은총을 입게 되면서 용기백배하여 하느님께 직접 말씀드리는 데 그치지 않고 불가능한 일까지도 이렇게 감히 청하게 되었습니다. "당신의 얼굴을 보여 주십시오."[12] 수녀님, 저 역시, 당신이 저를 얼마나 사랑하시는지 알진대, 제가 앞에서 쓴 글이 불가능하다고 생각하지 않습니다. 제가 알지 못하는 사이에 그 편지를 인쇄하고, 제목을 붙이고, 비용을 지불하고, (편지 자체도 그렇거니와 그 필자에게도 전혀 합당치 않게 분에 넘치도록) 큰 영광을 주신 그분이 무엇인들 하시지 못하고, 무엇인들 용서하시지 못하겠습니까? 또 반면에 마음만 먹으면 무슨 일이든 하실 수 있고, 무슨 심판이든 하실 수 있지 않겠습니까? 그리하여, 당신의 호의에 힘입어 제가 안전하게 말할 수 있고 당신의 너그러움에 의해 보호받을 수 있다는 전제하에, 그리고 마치 아하수에로 왕[13]이 그랬던 것처럼, 애정이 담긴 황금 왕홀에 입을 맞추도록 하여 높으신 분의 면전에 말하고 건의도 할 수 있게 당신이 허락하셨다는 가

---

12   "Ostende mihi faciem tuam." 이집트 땅에서 이스라엘 백성을 이끌고 탈출하면서 모세는 이렇게 하느님께 아뢰었다. "당신의 영광을 보여 주십시오"(「탈출기」, 33장 18절).
13   페르시아의 임금 크세르크세스를 지칭한다. 그는 유대인 왕비인 에스테르에게 황금 왕홀을 내밀어 손으로 만지게 해 준 다음 모든 소원을 들어주겠다고 말한다. 「에스테르기」, 5장 2절.

정하에, 저는 공부의 방향을 성경으로 돌리라는 거룩한 권고를 마음 깊이 받아들인다고 말씀드립니다. 이 편지가 비록 충고의 형태로 왔지만 저는 이를 본질적 규범으로 받아들일 것입니다. 아울러, 제게 적지 않은 위안이 되는 점은 당신의 충고가 있기 전부터 저는 당신의 사목적 권고를 지침으로 받아들여 복종할 준비가 되어 있었으며, 이는 이미 제 편지의 기본 전제와 내용에서 추론할 수 있다는 사실입니다. 저는 당신의 매우 사려 깊은 경고가 편지 자체를 향한 것이 아니라 제가 기술한 세속적인 현안과 깊은 관계가 있다는 점을 알고 있습니다. 그래서 저는 다만 당신이 저의 다른 글들을 읽으며 (합당하게) 유추했을지도 모르는 것 가운데 설명이 필요한 부분을 보완하려고 했던 것입니다. 좀 더 구체적으로 말씀드려서, 당신께 마땅히 드려야 할 솔직함과 저의 본성상 습관인 진실성과 명확성을 가지고 고백하건대, 제가 성스러운 주제에 대해 많이 쓰지 않았던 이유는 반발심이 있거나 노력이 부족해서가 아니라 그 신성한 글에 대해 느끼는 두려움과 경외심이 너무도 컸기 때문입니다. 저는 그 글의 수준에 비춰 볼 때 제가 크게 부족하고 그것을 다룰 자격 또한 없다고 생각합니다. 제 귀에는 항상 적지 않은 두려움과 함께 저 같은 죄인에게 들려오는 주님의 경고와 금기어가 있습니다. "너는 어찌하여 내 계명들을 늘어놓으며 내 계약을 네 입에 올리느냐?"[14] 이 질문과 함께 생각해 봐야 할 대목이 있는데, 그것은 30세

---

14 "Quare tu enarras iustitias meas, et assumis testamentum meum per os tuum?"(「시편」, 50편 16절).

가 지나기 전에는 성인 남자들에게도 「아가」를 읽지 못하게 하고 심지어 「창세기」도 못 읽게 했다는 것이니, 후자의 경우는 너무 불분명하고 난해해서 그렇고, 전자의 경우는 분별력 없는 젊은이가 그 감미로운 부분을 잘못 읽게 되면 육체적인 의미로 해석할 우려가 있기 때문이지 않겠습니까? 그래서 우리의 거룩한 예로니모 성인[15]도 같은 이유로 그 부분을 가장 나중에 공부하라고 명하면서 이렇게 말씀하신 것이 아닙니까? "「아가」를 맨 마지막에 읽으면 위험이 없습니다. 왜냐하면 그것을 처음에 읽으면 육체적 언어 묘사가 비유하고 있는 영적 결혼의 의미를 이해하지 못하여 해를 입을 수 있기 때문입니다."[16] 그리고 세네카도 이렇게 말합니다. "어린 시절에는 믿음이 확고하지 않다."[17] 그렇다면, 저의 나이나 여자라는 조건, 특히 저의 습관을 볼 때 전혀 자격이 없는 제 손에 어찌 감히 그것을 들 수 있겠습니까? 그래서 고백하건대, 이러한 두려움이 저로 하여금 펜을 들지 못하게 했으며, 각종 주제에 대한 논의도 그것이 처음 제기되었던 상태로 후퇴한 것입니다. 그런데 제가 세속적인 주제를 다룰 때는 그런 어려움이 발생하지 않았습니다. 왜냐하면 예술에 대해 다른 생각을 갖고 있다고 해 봐야 종교재판소에서 처벌받

---

15 성 예로니모(Eusebius Sophronius Hieronymus, 347~420)는 이탈리아의 부유한 집안 출신으로 안티오키아에서 사제품을 받았고 베들레헴에서 평생 은수자로 지냈다. 라틴어 성경 '불가타(Vulgata)'를 번역했고 남녀 수도원을 설립했다. 성 암브로시오, 성 아우구스티누스, 성 그레고리오 교황과 함께 서방 교회 4대 교부로 꼽힌다.
16 "Ad ultimum sine periculo discat Canticum Canticorum, ne si in exordio legerit, sub carnalibus verbis spiritualium nuptiarum Epithalamium non intelligens, vulneretur."
17 "Teneris in annis haut clara est fides."

는 것이 아니라, 지식인들의 웃음거리가 되고 비평가들의 비난이나 받으면 그만이기 때문입니다. 그리고 여전히 성체를 영하고 미사를 드릴 수 있기 때문에 이러한 비난이 "정당하든 부당하든 간에 그것을 두려워할 이유도 없습니다."[18] 제가 신경 쓸 일이 거의 혹은 전혀 아닌 것입니다. 왜냐하면 비난을 퍼붓는 이들의 같은 의견에 대해 제가 알아야 할 의무도 고쳐야 할 태도도 없으며, 제가 잘못했다 치더라도 비난이나 망신을 당할 이유가 없기 때문입니다. 비난받을 이유가 없는 것은 애초에 제게 의무가 없기 때문이고, 망신당할 이유가 없는 것은 애초에 제 말이 옳을 가능성이 없었기 때문입니다. "그 누구도 불가능한 일을 할 의무는 없습니다."[19] 솔직히 말씀드리면, 저는 억압이나 강요에 의해서, 그리고 남들을 만족시키기 위해서만 글을 써 왔습니다. 만족감도 없었고 혐오감만 가득했습니다. 왜냐하면 저는 글 쓰는 사람에게 요구되는 방대한 지식과 재주를 가지고 있다고 스스로 판단한 적이 한 번도 없었기 때문입니다. 그래서 제게 글을 부탁하는 사람, 특히 그것이 신학적 주제와 관련된 글일 때 제가 보통 대답하는 말은 다음과 같습니다. "저는 수다 떠는 것 외에는 이해력도, 학식도, 자료도, 그리고 세상 돌아가는 소식도 없습니다. 그러니 그런 일은 그것을 이해하는 사람에게 맡기십시오. 저는 종교재판소와 시끄러운 일에 휘말리고 싶지 않습니다. 저는 무지한 사람이고, 제가 어떤 말을 했을 때 어떤 구절의 진정한 의

---

18   "iusta vel iniusta, timenda non est."
19   "ad impossibilia nemo tenetur."

미를 공격하거나 왜곡하는 것은 아닌지 늘 걱정하는 사람입니다. 저는 글을 쓰기 위해 공부하지 않으며, 더욱이 가르치기 위해 공부하지도 않습니다(이는 제게 과도한 자만심일 것입니다). 저는 다만 공부를 통해 저의 무지가 조금이라도 줄어드는지 확인하기 위해 공부할 뿐입니다." 이것이 제 답변이고 변함없는 생각입니다.

글쓰기는 한 번도 제 자발적인 의지로 이루어진 적이 없으며, 항상 타인의 요청에 따라 이루어진 것이었습니다. 그래서 저는 그분들에게 진심으로 이렇게 말할 수 있습니다. "여러분이 나를 억지로 그렇게 만들었습니다."[20] 다만 제가 부정하지 못하는 진실이 있습니다(부정하지 못하는 첫 이유는 그것이 널리 알려진 사실이기 때문이고, 다른 이유는 설령 그것이 제게 불리하게 작용한다 해도 하느님께서는 제게 진리를 향한 위대한 사랑의 은총을 주셨기 때문입니다). 그것은 제게 처음으로 이성의 빛이 비친 이래 글에 대한 이끌림이 너무도 강렬하고도 강력하여, 어떤 외부의 억압(저는 이것을 많이 받았습니다)이나 어떤 자신의 성찰(저는 이것도 많이 해 봤습니다)도 하느님께서 제게 주신 이 자연스러운 열망을 그만두게 할 수는 없었다는 점입니다. 이 존엄하신 분은 왜, 그리고 무엇을 위해 그 열망을 주셨는지 알고 계십니다. 그리고 당신께 저의 지적 능력을 뺏어 가 주시고 당신의 법을 따르기 충분한 것만 남겨 주시기를 제가 기도했음도 알고 계십니다. 왜냐하면, 여자가 그것 이상을 갖는 것은 바람직하지 않으며 심지어는 해로운 일이라고 말하는 사람들

---

20   "Vos me coegistis"(「코린토 신자들에게 보낸 둘째 서간」, 12장 11절).

이 있기 때문입니다. 그리고 전능하신 하느님은 제가 이런 바람을 이루지 못하자 저의 이름과 더불어 스스로 제 지식을 매장하려 시도했으며, 제게 그것을 주신 분에게 희생제물로 바치려고 했다는 것도 알고 계십니다. 제가 수녀원에 입회한 이유가 바로 이것입니다. 공부에 대한 저의 열망이 필요로 했던 자유와 침묵이 수도원의 영적 수련이나 공동생활과는 맞지 않았음에도 불구하고 말입니다. 수녀원에 들어가서도, 저는 제 이름을 숨기려 했지만, 그것 자체도 유혹이라는 이유로, 허락되지 않았습니다. 그럴지도 모릅니다. 어쨌든 이 모든 것을 주님께서는 알고 계시고, 세상 사람들 가운데는 이를 꼭 알아야 할 한 분만이 알고 계십니다. 존경하는 수녀님, 비록 제가 당신께 진 빚이 많지만 이 이야기를 드림으로써 일부라도 갚을 수 있을 것이라 믿습니다. 왜냐하면, 당연히 알고 있어야 할 한 분만 빼놓고, 지금까지 그 누구에게도 제가 이런 말씀을 드린 적이 없기 때문입니다. 그러나 이제 제 마음의 문을 활짝 열고 가장 깊이 봉인되어 있던 비밀을 당신께 드러내었으니, 당신의 고귀한 인격과 과분한 은혜에 빚지고 있는 제가 당신에게 가지고 있는 신뢰를 알아주시리라 믿습니다.

당신께 모두 털어놓고 싶은 제 성향에 대해 계속 말씀드리겠습니다.[21] 제가 세 살이 채 되기도 전에 어머니는 저희 언니를 아미가스[22]라고 하는 학교에 보내 읽기를 배우게 했고, 언니에 대한 애착과 호

---

21   이전 부분이 이 글을 쓰게 된 이유를 밝히는 서론에 해당한다면, 이 대목부터는 자신에게 학문이 가지는 의미를 하늘의 섭리 및 자신의 성격과 연관시켜 설명하는 서술부에 해당한다.

22   Amigas. 당시 여자아이들을 위한 초등학교.

기심 때문에 저도 따라나섰습니다. 그리고 언니가 수업하는 것을 보면서 저도 읽기를 배우고 싶다는 열망에 불타게 되었습니다. 그래서 제 딴에는 선생님을 속인답시고, 어머니가 저도 수업을 받으라고 했다고 말했지요. 제 나이로 봐서 불가능했기에 선생님은 제 말을 믿지 않으셨지만, 장난기가 발동했는지, 그녀는 제게도 수업을 받게 해 주셨습니다. 저는 학교에 계속 나갔고 선생님도 이제는 진지하게 저를 가르쳐 주셨습니다. 왜냐하면 가르치면서 나이로 인한 편견이 사라졌기 때문입니다. 저는 짧은 시간 내에 읽는 법을 배웠고, 그 사실을 어머니가 알게 되었을 때는 이미 잘 읽게 되었습니다. 선생님은 그동안 그런 사실을 어머니에게 비밀로 했습니다. 나중에 한 번에 깜짝선물을 주고 싶었고 보상도 한꺼번에 받고 싶었기 때문입니다. 저도 어머니에게 비밀로 했는데, 그 이유는 허락 없이 저지른 일로 인해 제게 회초리를 드실 거라고 믿었기 때문입니다. 저를 가르쳤던 선생님은 (주님의 은총으로) 아직 살아 계셔서 언제든 증언해 주실 수 있습니다.

    그 당시를 회상해 보면, 제 식탐은 또래와 비교해 볼 때 정상이었지만, 치즈를 먹으면 공부를 못한다는 말을 듣고 그건 먹지 않았습니다. 그리고 아이들에게 왕성했던 식욕보다는 지식에 대한 욕구가 더 컸습니다. 여섯 살인가 일곱 살이 되면서 저는 읽고 쓸 줄 알았고 여자들이 배우는 모든 가사 노동과 바느질 기술도 익혔습니다. 그때 저는 학문을 공부하는 대학교와 고등 교육 기관들이 멕시코시티에 있다는 말을 들었습니다. 그 소리를 듣자마자 저는 대학교에서 공부하고 졸업할 수 있도록 제게 남자 옷을 입혀서라도 수도에 있는 친척 집으로 데려가 달라고 귀찮을 정도로 끈질기게 어머니를 졸라대기 시작했습니다. 어머니는 거절했고, 이는 당연한 일이었습니다.[23] 그러나 저는 할아버지가 가지고 있던 많은 책을 읽으며 공부의 열망을 만족시킬 수 있었습니다. 그 어떤 처벌이나 비난도 그것을 막을 수 없었습니다. 그리고 제가 멕시코시티에 오자 사람들은 저의 재능뿐만 아니라 겨우 말하기를 배우기 시작할 나이에 제가 가지고 있던 기억력과 정보에 대해 놀라움을 금치 못했습니다.

저는 라틴어 문법을 배우기 시작했는데, 스무 번 이상의 수업은 듣지 못한 것 같습니다. 그래서 제 조바심은 매우 커졌습니다. 보통 꽃다운 나이의 여자들이 자기 머리칼을 다듬는 데에 크게 신경 쓰는 것이 당연한 일이지만, 저는 7~10센티미터[24] 길이의 머리카락을 잘라 버렸습니다. 그리고 만일 머리카락이 이전의 상태까지 자랄 때까지 스스로 목표로 삼았던 것을 배우거나 익히지 못하면 무지함에 대한 벌로 다시 그만큼의 머리카락을 잘랐습니다. 그렇게 머리카락은 계속 자랐지만 저는 목표를 달성하지 못했습니다. 왜냐하면 머리카락의 성장은 빨랐으나 저의 배움은 느렸기 때문입니다. 그렇게 무지함에 대한 벌로 머리카락을 자른 이유는 텅 빈 머리를 머리카락으로 치장하는 것은 옳지 않으며 머리에 들어 있는 지식이야말로 진정한 치장이라고 보았기 때문입니다. 그래서 저는 수도원에 입회했

---

23   당시 멕시코시티에는 1551년에 설립된 멕시코 왕립 교황청 대학(La Real y Pontificia Universidad de México)이 있었는데 남학생만 입학할 수 있었다. 이 대학은 현재까지 멕시코 교황청 대학(La Universidad Pontificia de México)으로 명맥이 이어지고 있다.
24   원문에는 길이가 4~6데도(dedo)라고 나온다. 1데도는 손가락(dedo) 하나의 폭인 1.8센티미터다.

습니다. 그곳 생활이 제 성격과 너무도 맞지 않는 특정한 조건(본질적인 것은 아니고 부차적인 요소였지만)을 가지고 있음을 잘 알면서도 말입니다. 그러나 제가 결혼에 대해 가지고 있던 전적인 혐오감을 감안할 때, 저는 제 선택지 가운데 수도원 생활이 그나마 가장 어색하지 않고 가장 명예로운 방법으로서 제 구원을 보증할 수 있다고 생각한 것입니다. 그러한 목표 아래 생활하면서 처음이자 마지막으로(즉 가장 중요하게) 부딪힌 문제는 제 자만심으로 인해 발생하는 제 습관의 사소한 문제들을 해결하는 일이었습니다. 즉 혼자 살고 싶은 욕구, 공부의 자유를 제한할 의무적인 업무를 갖지 않으려는 욕구, 심지어는 책 읽는 시간의 평화로운 침묵을 깨는 소음의 방해를 받고 싶지 않은 욕구 등이었습니다. 이런 욕심은 매번 결정을 내릴 때마다 저를 힘들게 했지만, 그것 역시 저를 시험에 들게 하는 유혹이라는 현명한 분들의 깨우침과 주님의 은총으로 극복할 수 있었고, 자격 없는 제가 현재 과분하게 누리고 있는 상태에 이르렀습니다. 저는 제가 자기중심주의에서 벗어나고 있다고 믿었습니다. 그러나, 한심하게도, 저는 저를 놓지 않은 채 끌고 들어왔고 저의 가장 큰 적인 습성까지도 끌고 들어왔습니다(저는 그것이 하늘이 주신 선물인지 벌인지 아직도 모르겠습니다). 왜냐하면 수도원 생활의 많은 영적 수련으로 방해를 받거나 지워질 때마다 그것이 마치 화약처럼 제 안에서 폭발하면서, "결핍이 욕망의 원인"[25]임을 증명했기 때문입니다.

---

25 "privatio est causa appetitus."

저는 그때마다 돌아왔습니다(아니, 결코 멈춘 적이 없으니까 이것도 틀린 말입니다). 다시 말해, 저는 계속 공부하는 일에 매달려서(제게는 이것이 수녀원의 업무에서 벗어나는 순간마다 누리는 휴식이었습니다) 책을 읽고 또 읽었으며, 공부하고 또 공부했습니다. 제게는 책들 외에 다른 스승이 없었습니다. 선생님의 살아 있는 목소리와 설명 없이 영혼 없는 글자들을 공부하는 것이 얼마나 힘든지 아실 겁니다. 그러나 저는 이 모든 일을 학문에 대한 사랑을 위해 기꺼이 견뎌 냈습니다. 아, 만일 그것이 올바른 사랑인 하느님에 대한 사랑을 위한 것이었더라면 얼마나 더 가치가 있었을까요! 물론 저는 그 공부에 최선을 다하여 하느님께 영광을 돌리려고 힘썼습니다. 제가 열망했던 목표는 신학 공부였는데, 이 세상에서 자연스럽게 배울 수 있는 하늘나라의 신비를 모두 알지 못하는 것은 가톨릭 신자로서 자격이 없는 결함이라 보았기 때문입니다. 그리고 평신도가 아닌 수녀로서, 교회의 계통을 통해 학문을 추구하는 것이 마땅했으며, 특히 성 예로니모와 성녀 파울라의 딸로서, 그 박식한 부모님들이 무지한 딸로 인해 부끄러움을 당하지 않게 해야 했습니다.[26] 이것이 제가 스스로 다짐했던 내용이고 올바른 생각이었습니다. 다만 부정할 수 없는 사실은 이런 생각이 제 성향을 스스로 미화하고 칭찬하는 것이었으며 부과된 의무 사항도 저의 즐거움이었다는 점입니다.

---

26   소르 후아나는 26년 동안 예로니모 수도원의 수녀로서 살았다. 예로니모 성인이 성경을 라틴어로 번역하고 여러 수도원을 세울 때, 전 재산을 털어서 성인을 후원한 평생의 협조자가 성녀 파울라(Paula, 347~404)이다.

이렇게 저는, 이미 말씀드린 대로, 제가 공부하는 모든 과정이 성스러운 신학의 정점을 향하도록 했습니다. 그리고 이를 위해 저는 거기에 도달하기 위해 인간의 학문과 기술의 계단을 밟고 올라가는 것이 필요하다고 생각했습니다. 하녀들의 스타일도 모르면서 어떻게 여왕의 학문 스타일을 이해할 수 있겠습니까? 논리학을 모르면서 어떻게 성경의 일반적이고 특수한 서술 방식을 알 수 있겠습니까? 수사학을 모르면서 어떻게 성경의 비유, 은유, 화법들을 이해할 수 있겠습니까? 물리학을 모르면서 어떻게 희생제물로 바쳐진 동물들의 본성에 대한 수많은 문제를 이해할 수 있겠습니까? 이 제물에는 명시된 것들만 아니라 드러나지 않은 것까지 수많은 상징이 존재하는데 말입니다. 사울이 다윗의 하프 소리에 치유된 것이 음악의 미덕과 자연적인 힘에서 비롯된 것인지, 아니면 하느님이 다윗에게 주고자 한 초자연적 능력에서 비롯된 것인지 어떻게 알 수 있겠습니까?[27] 산수를 모르고서 「다니엘서」에 나오는 것처럼 그 많은 신비로운 해, 일, 월, 시간, 주의 계산을 어떻게 이해할 수 있겠습니까?[28] 이걸 이해하려면 숫자의 본질, 조화, 그리고 속성을 알아야 하는데 말입니다. 기하학을 모르고서 어떻게 신성한 언약궤와 거룩한 도시 예루살렘을 측정할 수 있겠습니까? 이 도시는 신비로운 치수에 따라 모든 차원에서 동일한 정육면체를 이루고 있으며 모든 부분이 경이로울 정도로 비례하고 있는데 말입니다. 건축학을 모르

---

27 「사무엘기 상권」, 16장 23절.
28 「다니엘서」, 9장 24~27절.

고 어찌 솔로몬의 위대한 성전을 이해할 수 있겠습니까? 그곳은 하느님께서 친히 배치하고 설계하신 장인이셨고, 지혜로운 왕은 단지 그것을 실행한 감독일 뿐이었는데 말입니다. 그 성전에는 신비 없는 기초가 없었고, 상징 없는 기둥이 없었으며, 암시 없는 처마 장식이 없었고, 의미 없는 대들보가 없었습니다. 그렇게 다른 모든 부분과 마찬가지로, 하다못해 가장 작은 장식용 선조차도 단순히 예술적 기능과 목적을 위해서가 아니라 더 위대한 무엇을 상징하기 위한 것이 아니었습니까? 역사를 구성하는 부분들과 그 규칙에 대한 깊은 지식 없이 어떻게 역사서들[29]을 이해할 수 있겠습니까? 역사적으로 먼저 일어났던 일이지만 종종 나중에 개괄적으로 서술되는 것을 이해해야 하는데 말입니다. 양대 법률[30]에 대한 많은 지식이 없다면 어떻게 법률서들[31]을 이해할 수 있다는 말입니까?

깊은 학식 없이 성경에서 언급된 수많은 세속 역사의 사실들, 이방인들의 관습, 수많은 의식, 다양한 표현 방식 등을 어떻게 이해할 수 있겠습니까? 거룩한 교회 지도자들과 교부들의 교리와 책들을 읽지 않고 어떻게 예언자들의 모호한 표현을 이해할 수 있겠습니까? 또한 음악에 대해 매우 숙련되지 않으면, 성경의 많은 대목에 등장하는 음악적 비례와 정교함을, 특히 아브라함이 도시들[32]을

---

29 여기서 역사서란 구약성경에 나오는 「여호수아기」, 「판관기」, 「룻기」, 「사무엘기」, 「열왕기」, 「역대기」, 「에즈라기」, 「느헤미야기」, 「토빗기」, 「유딧기」, 「에스테르기」, 그리고 「마카베오기」를 의미한다.
30 시민법과 교회법.
31 여기서 말하는 법률서란 구약성경의 오경(五經)인 「창세기」, 「탈출기」, 「레위기」, 「민수기」, 「신명기」를 말한다.
32 소돔과 고모라를 지칭한다. 「창세기」 18장의 내용이다.

구하기 위해 하느님께 간청하는 장면을 어찌 이해할 수 있겠습니까? 그는 의인 쉰 명을 발견하면 도시를 용서해 달라고 청하고, 그 숫자를 마흔다섯 명으로 줄이는데, 이는 세스퀴노나(sesquinona)라고 하여 음계 미(mi)에서 레(re)로 가는 비율입니다. 그는 거기서 다시 마흔 명으로 줄이는데, 이는 세스퀴옥타바(sesquioctava)로서, 레(re)에서 우트(ut)[33]로 가는 비율입니다. 숫자는 다시 서른 명으로 주는데, 이는 세스퀴테르티아(sesquitertia), 즉 디아테사론(diatessaron)입니다. 그는 숫자를 또다시 스무 명으로 줄이는데, 이는 세스퀴알테라(sesquialtera), 즉 디아펜테(diapente)입니다. 아브라함은 마지막으로 숫자를 열 명으로 줄이는데, 이는 두플라(dupla), 즉 디아파손(diapason)입니다.[34] 그리고 더 이상의 조화로운 간격은 없기 때문에 숫자는 더 내려가지 않습니다. 그런데 음악에 대해 모른다면 이런 사실을 어떻게 이해할 수 있을까요? 「욥기」에서 하느님은 이렇게 말씀하십니다. "너는 묘성(卯星)[35]을 끈으로 묶을 수 있느냐? 또 오리온자리를 매단 밧줄을 풀 수 있느냐? 너는 별자리들을 제시간에 이끌어 내고 큰곰자리를 그 아기별들과 함

---

33 소르 후아나는 원본에서 '우트(ut)'가 아니라 '미(mi)'로 썼는데 이는 오류다. '우트'는 17세기가 지나면서 하느님(dominus)을 뜻하는 '도(do)'로 바뀐다.
34 고대 그리스 철학자 피타고라스는 대장간에서 모루를 내리치는 해머의 소리가 다른 것에 주목하고 음정 사이의 수학적 관계를 연구한다. 그는 두 현의 길이를 1:2 비율로 할 때 짧은 현이 내는 한 옥타브 높은 소리를 '디아파손'으로, 2:3 비율로 할 때 5도 높은 소리를 '디아펜테'로, 그리고 3:4 비율로 할 때 4도 높은 소리를 '디아테사론'으로 명명한다.
35 오리온자리와 가까이 황소자리에서 밝게 빛나는 플레이아데스성단(星團)을 의미한다.

께 인도할 수 있느냐?"[36] 비단 이렇게 고귀한 학문뿐만 아니라, 기예(技藝)에 대해서도 성경에는 언급되지 않는 것이 없습니다. 결국, 세상 모든 책을 아우르는 큰 책이자, 세상 모든 학문을 아우르는 큰 학문인 이 책을 이해하려면 모든 것을 알아야 하지 않겠습니까? 이 모든 것을 안 다음에는(비록 그것이 쉽지도 않고, 심지어 가능하지도 않겠지만), 지금 말한 모든 것에 앞서는 전제 조건이 있습니다. 그것은 바로 끊임없는 기도와 순결한 삶입니다. 이는 높은 차원의 문제들을 이해하는 데 필요한 영혼의 정화와 마음의 깨우침을 하느님께 간구하기 위한 것입니다. 만약 이것이 없다면, 나머지는 무의미해지고 맙니다.

교회는 '천사적 박사'인 토마스 아퀴나스 성인에 대해 이렇게 말합니다. "그는 가장 어려운 성경 구절을 읽을 때 금식과 기도를 병행했다. 그리고 동료인 레지날드[37]에게 자신이 아는 모든 것은 공부나 자신의 노력 덕분이 아니라, 하느님으로부터 받은 것이라고 말했다."[38] 하물며 인덕과 학문이 너무도 모자란 제가 어떻게 감히 글을 쓸 용기를 얻었겠습니까? 그래서 저는 몇 가지 기본 기술을 익히

---

36 "Numquid coniungere valebis micantes stellas Pleiadas, aut gyrum Arcturi poteris dissipare? Numquid producis Luciferum in tempore suo, et Vesperum super filios terrae consurgere facis?"(「욥기」, 38장 31~32절).
37 피페르노의 레지날드(Reginald de Piperno)는 토마스 아퀴나스의 동료이자 제자이자 고해 사제였다. 토마스 아퀴나스가 세상을 떠난 후 스승의 나폴리 대학교 교수직을 승계했다.
38 "In difficultatibus locorum Sacrae Scripturae ad orationem ieiunium adhibebat. Quin etiam sodali suo Fratri Reginaldo dicere solebat, quidquid sciret, non tam studio, aut labore suo peperisse, quam divinitus traditum accepisse."「성무일도(Breviario Romano)」, 3월 7일.

고 나서 다양한 주제를 지속적으로 공부했으며, 특정 주제에 치우치지 않고 모든 주제에 포괄적인 관심을 두었습니다. 제가 남들보다 공부를 좀 더 많이 했다면, 이는 선택이 아니라 우연히도 그 주제들의 책을 많이 접할 수 있었기 때문입니다. 제 결심 덕분이 아니라 이런 환경 덕분에 저의 학문적 선호도가 생긴 것입니다. 또한, 저를 움직이는 특별한 이해관계도 없고 정규 수업처럼 특정 주제의 학습에 대한 시간 제약도 없었기 때문에 저는 동시에 다양한 주제를 공부했고 주제를 바꿔 가며 공부할 수 있었습니다. 다만, 저는 어느 정도의 순서를 정해서, 어떤 것은 '공부'라 부르고, 다른 것은 '여가 활동'이라 부르면서 후자를 통해 전자로부터의 휴식을 취했습니다. 그 결과, 저는 많은 주제를 공부했지만, 제대로 아는 것은 없습니다. 왜냐하면 많은 주제가 다른 주제를 배우는 데 방해가 되었기 때문입니다. 이는 사실 실행 가능한 실용적 부분을 가진 주제에 해당합니다. 펜이 움직일 때 컴퍼스가 쉬고, 하프를 연주할 때는 오르간이 침묵을 지키는 게 당연하니까요. 다른 경우도 마찬가지입니다.[39] 이처럼 실용적인 기술을 습득하려면 많은 신체적 연습이 필요하기에, 다양한 활동에 힘을 분산하는 사람은 결코 완벽함에 도달할 수 없습니다. 하지만 이론적이고 사변적인 영역에서는 그 반대의 일이 일어납니다. 즉 두 주제가 서로 방해가 되지 않을 뿐 아니라 오히려 한 주제가 다른 주제를 밝혀 주고, 변주와 숨겨진 연결을 통해 새로운 길을 열어 주는 것입니다. 저는 제 경험을 통해 이를 모든 이에게

39　"et sic de caeteris."

납득시키고 싶습니다. 조물주의 지혜에 의해 우주적인 사슬이 엮여 있고, 이에 따라 모두가 서로 상응하며 놀라울 정도의 통일성과 조화로움을 보이는 가운데 연결된 것입니다. 이는 고대인들이 상상했던 주피터의 입에서 나오는 사슬로서, 모든 사물을 서로 이어 주고 있습니다. 아타나시우스 키르허 신부[40]는 흥미로운 저서 『자석에 대하여(De Magnete)』[41]에서 이를 보여 줍니다. 즉 모든 사물은 하느님으로부터 비롯되었습니다. 하느님은 원의 중심이자 둘레이며, 창조된 모든 선은 그분에게서 나와 그분에게서 끝납니다.

개인적인 말씀을 드리면, 저는 한 학문 분야의 저자에게서 이해하지 못하던 것을 멀리 떨어진 것처럼 보이는 다른 분야의 저자를 보면서 이해하는 일이 종종 있습니다. 그들은 설명을 하면서 종종 다른 기술에서 비유적인 예시를 듭니다. 예를 들어, 논리학자들이 부분이 같은지 증명하려면, 평균은 두 개의 동일한 거리의 물체를 잴 때 사용되는 정해진 측정값과 같다고 말할 때처럼 말입니다. 그리고 논리학자의 주장은 직선처럼 가장 짧은 경로를 따라 움직이지만, 수사학자의 주장은 곡선처럼 가장 긴 경로를 따라가는데, 그래도 두 주장은 결국 같은 지점에 도달한다는 말도 있습니다. 또 해설자는 손바닥을 펴고, 학자는 주먹을 꽉 쥔다는 말도 있습니다. 제가

---

[40] 키르허(Athanasius Kircher, 1602~1680)는 독일 출신의 예수회 신부로서 다양한 분야에 정통한 학자였으며, 그 박식함과 창의성 덕분에 레오나르도 다 빈치와 비교된다.

[41] 돈 후안 카를로스 메로(Don Juan Carlos Mero)는 소르 후아나가 키르허 신부의 『자석 혹은 자력의 기술(Magnes sive de arte magnetica)』을 윌리엄 길버트(William Gilbert)의 『자석에 대하여(De Magnete)』(1600)와 혼동했다고 말한다. Sor Juana Inés de la Cruz, *Poems, Protest, and a Dream*, Penguin, 1997, p.247.

이런 말씀을 드리는 것은 다양한 분야를 공부한 것에 대한 변명이 아니며, 그럴 이유도 없습니다. 왜냐하면 이들 학문은 분명 서로에게 도움이 되는데, 제가 그 혜택을 받지 못한 원인은 그들의 다양성이 아니라, 제 무능과 부족한 이해력이기 때문입니다.

  제게 변명거리가 있다면, 스승이 없을 뿐 아니라 함께 공부하고 토론할 동료가 없어서 큰 고생을 했다는 점입니다. 제가 가진 스승이라면 말 없는 책뿐이었고, 동료라면 감각 없는 잉크병뿐이었습니다. 그리고 해석하고 학습하는 일을 방해하는 수많은 장애물이 있었는데, 수녀원에서 해야 할 신앙적 의무만 말하는 것이 아닙니다 (이런 의무는 아시다시피 매우 유용하고, 시간을 유익하게 소모하는 일입니다). 그보다는 공동체 생활로 인해 발생하는 피할 수 없는 일들이 문제였습니다. 예를 들어, 제가 책을 읽고 있을 때 옆방에서 악기를 연주하고 노래를 부르는 일, 공부하고 있을 때 하녀 두 명이 다투다가 자기들의 옳고 그름을 가려 달라고 오는 일, 글을 쓰고 있을 때 친구가 방문하여 아무런 나쁜 의도 없이 방해하는 일, 그럼에도 불구하고, 그 방해를 인정할 뿐 아니라 그로 인한 손해에도 감사해야 하는 곳이 수도원입니다. 이런 일은 계속해서 발생합니다. 왜냐하면 제가 공부하는 시간은 공동체의 일상적 의무가 없는 때이기에 다른 수녀님들에게도 자유 시간이어서 저를 본의 아니게 방해하러 오는 것입니다. 제 말이 얼마나 맞는 말인지는 공동체 생활을 경험해 본 사람들만이 알 것입니다. 그곳에서는 오직 성소(聖召)의 강한 힘만이 저를 기쁘게 할 수 있습니다. 그리고 사랑은 조화로움이듯이, 사랑하는 수녀님들과 저 사이에 있는 큰 사랑은 극단적으로 상반되는 것도 녹여 버립니다.

고백하건대, 제게 닥친 일을 도저히 설명할 수 없습니다. 이 말은, 부러운 심정으로 들었던 다른 사람들의 말, 즉 지식에 대한 열망 때문에 힘이 들었던 적이 없다는 말을 저는 할 수 없다는 뜻입니다. 그분들은 정말 축복받은 겁니다! 그런데 저는 (아직 아는 것도 없지만) 아는 것뿐만 아니라 알고 싶어 하는 욕심이 너무 커서, 저의 교부이신 예로니모 성인의 이런 말씀이 이해됩니다(제가 그분의 업적과 비교할 바는 아니지만 말입니다). "지식에 대한 갈증으로 인해 내가 얼마나 많은 노력을 쏟았는지, 얼마나 많은 어려움을 겪었는지, 얼마나 많이 절망했는지, 얼마나 자주 내 일을 포기했고 또다시 시작했는지, 내 양심은 알고 있다. 나와 함께 살았던 사람들의 양심과 나의 양심이 그 증인이다."[42] 동료와 증인들 얘기만 제외하면 이 말씀의 진실성에 저는 누구보다 더 동감할 수 있습니다(저는 주변에 이런 위안이 되는 분도 없었습니다). 불행히도 저도 똑같은 성향을 가졌고 그것이 너무도 강력해서 다른 모든 욕구를 압도했습니다.

제가 하느님으로부터 받은 많은 은혜 가운데 부드럽고 다정한 성격 덕분에 수녀님들은 저를 무척 사랑해 주셨고(그분들은 너무 착

---

[42] "Quid ibi laboris insumpserim, quid sustinuerim difficultatis, quoties desperaverim, quotiesque cessaverim et contentione discendi rursus inceperim; testis est conscientia, tam mea, qui passus sum, quam eorum qui mecum duxerunt vitam." 서기 411년, 예로니모 성인이 툴루즈의 젊은 수도승인 루스티쿠스(Rusticus)에게 보낸 편지(Letter CXXV), https://catholiclibrary.org/library/view?docId=/Fathers-EN/Jerome.Letters.en.html;chunk.id=00000125.

해서 저의 부족한 점을 모르는 체하셨어요) 저와 함께 있는 시간을 좋아하셨습니다. 이를 잘 알고 있는 저는 그들에게 품고 있는 깊은 사랑 때문에, 그들이 제게 가지고 있는 것보다 더 큰 열의와 호감을 품고 함께했습니다. 그래서 저는 자유 시간이 생기면 틈나는 대로 이 방 저 방 방문하며 그들에게 위로도 해 주고 즐거운 시간을 보내곤 했습니다. 그러던 중, 저는 이런 것이 제 공부 시간을 빼앗고 있다는 것을 깨닫고 나서, 순명을 하거나 자발적인 봉사를 하는 게 아니라면 이제 어떤 방에도 들어가지 않겠다고 다짐했습니다. 그런 단호한 제약을 스스로 하지 않는다면 제 의지는 인간적인 정 때문에 무너졌을 겁니다. 하지만 저는 스스로 의지력이 약한 것을 알고 있기에, 한 달이나 보름 간격으로 이 다짐을 갱신하면서 하루 이틀의 공백기를 가졌습니다. 그 시간은 (공부를 하지 않으면 제가 편안하지 않기에) 휴식의 시간이라기보다는 수녀님들의 과분한 사랑을 받는 제가 그렇게 쌀쌀맞고 무뚝뚝하며 배은망덕한 사람은 아니라는 점을 보여 드리기 위한 시간이었습니다.

이는 제 성격이 얼마나 강한지 잘 보여 줍니다. 그러니 제가 다른 악습이 아니라 학문으로 향하게 해 주신 하느님께 찬양을 드려야 합니다. 만일 다른 악습이었다면 저는 그것을 거의 극복하지 못했을 테니까요. 이는 또한 제 빈약한 공부가 얼마나 시류에 역행하는 항해였는지 (더 정확히 말하면, 난파했는지) 보여 주는 것이기도 합니다. 하지만 저는 제가 겪었던 가장 힘든 어려움에 대해 아직 말씀드리지 않았습니다. 지금까지 말씀드린 부분은 그냥 어쩔 수 없는 혹은 우발적인 장애물이었습니다. 다시 말해 간접적인 것에 지나지 않는 것들이었습니다. 이제 말씀드리려 하는 부분은 직접적으로 수련을 방해하고 막으려 했던 의도적인 장애물들입니다. 저를 향한 수많은 박수갈채를 본다면, 누구라도 제가 모두의 격려와 칭찬을 받는 가운데 평온한 바다에서 순풍에 돛 달고 항해를 해 왔다고 생각할 겁니다. 그러나 하느님은 그렇지 않았다는 것을 잘 알고 계십니다. 그 찬사의 꽃들 가운데 얼마나 많은 사람들이 경쟁심과 박해의 악의를 가지고 독사처럼 고개를 쳐들며 나타났는지 헤아릴 수조차 없을 정도입니다. 그리고 제게 더 큰 해악과 상처를 준 것은 증오심과 악의를 가지고 저를 공개적으로 박해한 사람들이 아니라, 오히려 저를 사랑하고 제가 잘되는 것을 바란다고 하면서도(그들의 선의는 하느님께서 축복해 주실 겁니다) 다른 누구보다도 저를 괴롭히고 고문했던 사람들입니다. 그들은 이렇게 말하곤 했습니다. "이런 공부는 우리의 의무인 '거룩한 무지'와 어울리지 않아요. 당신은 영리한 머리와 재능 때문에 스스로 길을 잃고 결국 몰락할 거예요." 이 모든 것을 견뎌 내기 위해 제가 얼마나 힘들었겠습니까? 참으로 기이한 순교가 아닌가요. 제가 처형을 집행하는 동시에 처형을 당하는 순교자가 되었으니!

게다가, 비록 종교시라 하더라도, 시를 쓸 줄 안다는 이중의 불행 때문에 제가 겪지 않은 고통이 있을까요? 혹은 그 고통이 중단된 적이 있을까요? 수녀님, 때때로 생각해 보건대, 그런 능력을 유일하게 가지신 하느님에 의해 점지되거나 두각을 나타내는 사람은 어김없이 공적(公敵)으로 간주됩니다. 왜냐하면 자기들이 받아야 할 찬사를 그가 받고 있고, 자기들이 갈망했던 존경을 그가 빼앗고 있다고 생각하는 사람들이 있기 때문입니다. 그가 박해받는 이유는 그것입니다.

아테네에서 특별한 자질과 미덕을 가진 사람은 그것을 통해 공공의 자유를 짓밟을 수 있기에 공화국에서 추방해야 한다는, 정치적으로 야만적인 그 법률은 여전히 유효하고, 우리 시대에도 아직 볼 수 있습니다.[43] 아테네의 법률을 정당화했던 근거가 더 이상 존재하지 않는데도 말입니다. 그런데 근거는 더 부족한데 효과는 떨어지지 않는 또 다른 법이 있습니다. 마치 불경한 마키아벨리의 원리처럼 보이는 이 법은, 혼자 두각을 나타내면서 다른 사람들의 빛을 흐리게 하는 사람을 혐오하라는 법입니다. 예나 지금이나 이런 현상은 변하지 않았습니다.

만일 그렇지 않다면, 반대로 생각할 이유가 그토록 많았음에도 불구하고 바리새인들이 그리스도를 그토록 증오한 이유가 무엇이었을까요? 그분의 현존을 바라볼 때 그 거룩한 아름다움보다 더 사랑스러운 것이 무엇일까요? 우리 마음을 사로잡는 데에 그보다 더 강력한 것이 어디 있을까요? 인간의 아름다움이 인간의 자유의지를 지배하면서, 부드럽고 구미에 맞는 폭력을 통해 그것을 통제한다면, 그토록 수많은 특성과 은혜를 가진 존엄한 분의 아름다움이 하지 못할 일은 무엇일까요? 비교할 수 없는 그 아름다움이 맑은 유리처럼 아름다운 얼굴을 통해 하느님의 광채를 비추면서, 하지 못할

---

43 고대 그리스에는 능력이 뛰어나 장차 정권을 잡은 후 독재를 하면서 민주주의에 위협이 될 수 있는 인물을 모든 시민의 투표로 결정한 후 10년 동안 추방하는 도편추방제(ostracism)가 있었다.

게 무엇이고 움직이지 못할 게 무엇이란 말입니까? 비교할 수 없는 인간의 완벽함을 넘어 거룩한 빛을 드러내는 그 거룩한 면모에 움직이지 않는 것이 무엇일까요? 모세의 얼굴이 하느님과 대화한 후 빛나는 바람에 사람의 나약한 시력이 감당할 수 없었다면,[44] 사람이 되신 하느님의 얼굴은 어느 정도일까요? 그분이 주시는 다른 선물을 보더라도, 그분이 주시는 천상의 신중함, 움직이실 때마다 자비가 넘치는 다정함과 온화함, 깊은 겸손과 연민, 그리고 영원한 생명과 지혜의 말씀보다 더 사랑스러운 것이 어디 있겠습니까? 이것이 어찌 모든 영혼을 사로잡지 않을 수 있겠습니까? 또 어떻게 그분을 따라 사랑이 충만하게 고양되지 않을 수 있겠습니까?

저의 거룩한 어머니이신 성녀 데레사[45]는 그리스도의 아름다움을 보고 나서는 그 어떤 피조물에도 끌리지 않는 자유를 얻었다고 말합니다. 왜냐하면 어떤 피조물도 그리스도보다 더 아름다운 것은 없었기 때문입니다. 그렇다면, 그리스도의 아름다움이 미치는 영향이 왜 이렇게 사람마다 다를까요? 사람들이 아무리 거칠고 저급해서 그분의 완전함을 이해할 지식이나 믿음을 갖지 못했다 치더라도, 그것으로 이득을 취할 수도 있고, 또 병자를 치유하고 죽은 이를 살려 내며, 악령을 쫓아내는 등의 많은 은혜가 있음에도 불구하고 그런 혜택이나 장점이 그들의 마음을 움직이지 않은 이유는 무엇일까요?

---

44 「탈출기」, 34장 30절.
45 아빌라의 데레사(Teresa de Avila, 1515~1582) 성녀는 스페인의 신비가(mística)이자 신비문학 작가다. 맨발의 가르멜 수도회를 설립하면서 수도원 개혁을 이끌었고 많은 신비체험 저서를 썼다. 스페인의 수호 성녀이자 여성 최초의 교회 박사다.

왜 그들은 그분을 사랑하지 않은 것일까요? 그 대답은, 바로 그런 행동 자체로 인해 그들은 그분을 사랑하지 않았다는 것입니다. 그리고 그분을 멸시한 것입니다. 이는 그들 스스로 증언하고 있습니다.

그들은 의회에 모여 이렇게 말했습니다. "저 사람이 저렇게 많은 표징을 일으키고 있으니, 우리가 어떻게 하면 좋겠소?"[46] 이것이 이유가 될 수 있습니까? 만일 그들이 "이 사람은 악한 사람으로 법을 어기고 거짓으로 백성을 선동하는 사기꾼이오"라고 말했다면, 그들의 말은 거짓말이긴 하지만 자기들이 노리고 있던 것, 즉 그분의 목숨을 빼앗기 위해서 더 합당한 이유가 되었을 것입니다. 그러나 놀라운 표징을 일으켰다는 이유로 사람을 죽이려고 하는 것은 율법에 능통한 바리새인들의 행동답지 않습니다. 우리는 여기서 배운 사람들도 열정에 휩싸이면 불합리한 모순에 빠진다는 점을 알 수 있습니다. 사실 그리스도의 처형도 오로지 그런 식으로 결정된 것입니다. 오, 사람들이여(이런 단어를 쓰기도 어색하게 잔인한 존재이지만), 왜 그렇게 잔혹한 결론을 내리게 되었습니까? 그들의 유일한 대답은 "많은 표징을 일으키고 있"다는 것입니다. 하느님 맙소사, 놀라운 일을 한다는 이유로 죽어야 한다니! 그런데 많은 표징을 일으킨다는 대목은 성경의 다른 대목을 연상케 합니다. 즉, "그날에 이러한 일이 일어나리라. 이사이의 뿌리가 민족들의 깃발로 세워져",[47] 그리고 "이 아기는 (…) 반대를 받는 표징이 되도록 정해졌

---

46   "Quid facimus, quia hic homo multa signa facit?"(「요한 복음서」, 11장 47절).
47   "multa signa facit a aquel radix Iesse, qui stat in signum populorum"(「이사야서」, 11장 10절).

습니다"⁴⁸가 그것입니다. 표징이라고요? 그러면 그분은 죽어야 합니다. 깃발이라고요? 그러면 그분은 고통을 당해야 합니다. 그것은 두드러지게 표가 나는 사람들에게 주어지는 상과 같은 것이니까요!

보통 교회 꼭대기에는 장식용으로 바람의 신인 비엔토(Viento)와 파마⁴⁹ 여신의 형상이 놓이는데, 그것들을 새 떼로부터 보호하기 위해 철망을 덮어 놓곤 합니다. 이는 보호용인 것 같지만, 사실은 가시에 찔리지 않고서는 높은 곳에 자리를 잡을 수 없다는 신들의 운명을 말해 주기도 합니다. 그곳은 원한 서린 바람이 불고, 혹독한 자연환경이 지배하며, 분노의 번갯불이 내리치고, 돌과 화살의 표적이 됩니다. 아, 수많은 위험에 노출되어 있는 가련한 정상이여! 오, 질투의 표적이 되고 거부의 대상이 되는 표지여! 그런데, 지위나 신분이나 재산이나 아름다움, 혹은 학문에서 높은 곳에 자리 잡으면 누구든지 이런 수모를 겪습니다. 특히 가장 혹독한 수모를 겪는 것은 학문의 분야입니다. 왜냐하면 첫째로, 지성은 공격을 당하더라도 자기 자신을 지키지 못하기 때문입니다. 부와 권력은 반대하는 자들을 응징할 수 있지만 지성은 그렇지 않습니다. 오히려 학문이 깊을수록 더 겸손하고 더 큰 상처를 받으며 더욱 무방비 상태가 됩니다. 두 번째 이유는, 위대한 학자 발타사르 그라시안⁵⁰이 현

---

48 "in signum cui contradicetur"(「루카 복음서」, 2장 34절).
49 파마(Fama)는 로마 신화에 나오는 소문과 명성의 여신으로, 그리스 신화에서는 페메(Feme) 여신이다. 건축물 위에서 보통 나팔을 불고 있는 형상이다.
50 발타사르 그라시안(Baltasar Gracián, 1601~1658)은 예수회 사제이자 스페인 황금세기의 뛰어난 작가이다. 쇼펜하우어가 편집한 그라시안의 금언집 여러 권이 한국어로 번역되어 있다. 그라시안의 대표작은 소설 『비평꾼(El criticón)』이다. 그러나 그는 1651년 이 작품을 처음 출판하면서 예수회 장상의 허가를 받지 않았고,

명하게 말했듯이, 지성의 강점이 존재의 문제를 건드린다는 점입니다. 천사가 인간보다 우월한 유일한 이유는 지성에서 앞서 있기 때문입니다. 그리고 인간이 짐승보다 뛰어난 유일한 이유도 마찬가지입니다. 모든 존재는 다른 존재보다 열등하기를 원치 않으며, 다른 존재가 지성적으로 우월하다는 점을 인정하지 않으려 합니다. 왜냐하면 지성은 우월함의 결과이기 때문입니다. 사람들은 다른 사람이 자기보다 더 높고, 부유하며, 잘생기고, 심지어 더 많이 배웠다는 걸 감수하고 고백할 수는 있지만, 그 사람이 자기보다 더 지성적이라는 사실을 인정하는 사람은 드뭅니다. 그래서 "지성에 양보하는 이는 드물다"[51]는 말이 나오는 것입니다. 지성의 자질을 건드리며 공격하는 것이 효과적인 이유가 바로 이것입니다.

　로마 군인들이 우리 주 예수 그리스도를 비웃고 조롱하고 모욕을 주면서 그분께 낡은 진홍색 외투와 갈대 지팡이를 가지고 왔고, 가시나무로 만든 왕관을 씌우며 놀림거리 왕으로 세웠습니다.[52] 그런데 지팡이와 진홍색 외투는 모욕적이긴 했지만 고통을 주지는 않았습니다. 그렇다면 왜 가시관만이 고통을 주었을까요? 다른 상징물 역시 놀리고 치욕을 주기 위한 것이었는데 그것으로는 충분하지 않다는 것이었을까요? 그렇습니다. 그리스도의 거룩한 머리와 신

1657년에는 수도원의 반대에도 불구하고 책의 제2부를 출판했다. 이로 인해 징계받고 유배당한 작가는 침묵에 들어갔고 이듬해 건강 악화로 세상을 떠난다. 글 쓰는 사제 그라시안에 대한 수도원의 핍박은 같은 세기를 살았던 소르 후아나에 대한 교회의 핍박과 유사한 사례로 비교된다.

51　"Rarus est, qui velit cedere ingenio."
52　「마태오 복음서」, 27장 28~29절.

성한 두뇌는 지혜의 저장고이기 때문입니다. 그래서 이 세상의 지혜로운 머리는 조롱당하는 것으로 충분하지 않습니다. 그것은 상처와 학대를 받아야 합니다. 지혜의 보고인 머리는 가시로 만든 것 외의 다른 왕관을 기대해서는 안 됩니다. 거룩한 지혜가 당했던 대우를 생각해 본다면, 인간의 지혜가 어떤 화관을 기대할 수 있겠습니까? 로마의 군주는 군인들의 다양한 업적에 따라 여러 종류의 관을 수여했습니다. 시민을 보호한 군인에게는 시민관(la cívica)을, 적의 진영에 진입한 군인에게는 무사관(la castrense)을, 적의 성벽에 올라간 군인에게는 성벽관(la mural)을, 그리고 포위된 도시나 군대, 요새나 진지를 공격해서 해방시킨 군인에게는 해방관(la obsidional)을 수여했습니다. 플리니우스[53]나 아울루스 겔리우스[54]에 따르면, 그 밖의 업적에 대해서도 해군관(la naval), 타원관(la oval), 또는 승리관(la triunfal)을 수여했다고 합니다. 이처럼 다양한 관을 보면서, 저는 그리스도께 어떤 관이 어울릴지 궁금했습니다. 저는 그것이 해방관이었을 것이라 봅니다. 수녀님께서 잘 아시다시피, 그것은 가장 영예로운 관이고, 그 이름 'obsidional'은 '포위'를 뜻하는 'obsidio'에서 유래했습니다. 그것은 금이나 은이 아니라, 전투가 벌어진 장소에서 자라는 풀이나 식물로 만들었습니다. 그리스도의 업적은 어둠의 왕자가 전 세계를 둘러싼 포위망을 해제한 것이었습니

---

53   플리니우스(Gaius Plinius Secundus, 23~79)는 로마 제국의 군인이자 학자로서, 수사학자인 퀸틸리아누스의 제자였다. 로마의 생활상을 그린 『박물지(Naturalis historia)』를 썼다.
54   아울루스 겔리우스(Aulus Gellius, 125~180)는 로마의 문법학자이자 작가이다.

다. 사탄은 자기가 직접 「욥기」에서 이렇게 말합니다. "땅을 여기저기 두루 돌아다니다가 왔습니다."[55] 이에 베드로 성인은 이렇게 말합니다. "악마가 (…) 누구를 삼킬까 하고 찾아 돌아다닙니다."[56] 이제 우리 지도자가 오셔서 "이제 이 세상의 우두머리가 밖으로 쫓겨날 것이다"[57]라는 말씀대로 그 포위를 풀었습니다. 그래서 병사들은 그분에게 금이나 은이 아니라 전장인 땅에서 수확한 자연의 과일로 만든 관을 만들어 씌워 드렸습니다. 그곳은 하느님께서 "가시덤불과 엉겅퀴를 돋게"[58] 하리라고 저주했던 땅이었습니다. 따라서 가시관은 그분의 모태인 유대교가 용감하고 지혜로운 해방자에게 씌운 가장 적합한 것이었습니다. 예전에 면류관을 쓴 솔로몬의 승리를 기뻐하며 나왔던,[59] 시온의 딸들이 이제는 고통스러운 승리를 보기 위해 눈물을 흘리며 나왔습니다. 왜냐하면 지혜로운 자의 승리는 고통을 통해 얻어지고 눈물을 통해 기념되기 때문입니다. 그것이 바로 지혜가 승리하는 방식입니다. 그 가시관을 최초로 쓴 이는 지혜의 왕 그리스도였습니다. 그분의 이마 위에서 거룩하게 된 가시관은 모든 지혜로운 자들의 두려움을 없애 주었고, 그들은 자신이 추구해야 할 명예가 그것 외에는 없다는 것을 배우게 되었습니다.

---

55 "Circuivi terram et ambulavi per eam"(「욥기」, 1장 7절). 하느님이 "너는 어디에서 오는 길이냐?"라고 묻자, 사탄이 대답한 말이다.
56 "Circuit, quaerens quem devoret"(「베드로의 첫째 서간」, 5장 8절).
57 "nunc princeps huius mundi eiicietur foras"(「요한 복음서」, 12장 31절).
58 "spinas et tribulos germinabit tibi"(「창세기」, 3장 18절).
59 「아가」, 3장 11절 참고.

생명이신 주님은 죽은 나사로에게 생명을 주기 위해 가기로 했습니다. 제자들은 그 이유를 모르고 이렇게 말합니다. "스승님, 바로 얼마 전에 유다인들이 스승님께 돌을 던지려고 하였는데, 다시 그리로 가시렵니까?"[60] 이에 구세주는 그들의 두려움을 달래며 말씀하셨습니다. "낮은 열두 시간이나 되지 않느냐?"[61] 이를 보면 제자들은 이전에 유대인들이 그를 돌로 치려고 했던 일을 기억하며 두려워했던 것 같습니다. 예수님이 그들을 꾸짖으며 도둑이라고 부르고 양들을 돌보는 목자가 아니라고 했기 때문입니다.[62] 그래서 제자들은 예수님이 그곳에 다시 간다면, 아무리 정당한 꾸짖음이라도 나쁘게 받아들이기 때문에 생명이 위험에 처할지도 모른다고 걱정했던 것입니다. 그러나 그들이 잘못을 깨달아, 그분이 나사로에게 생명을 주러 가는 것임을 알게 된 후, 뜬금없이 토마스가 마치 겟세마네 동산에서의 베드로처럼 용감하게 이렇게 말합니다. "우리도 스승님과 함께 죽으러 갑시다."[63] 하지만, 거룩한 사도여, 무슨 말씀입니까? 주님은 죽으러 가시는 것이 아닙니다. 무엇을 두려워하십니까? 그리스도께서는 꾸짖으러 가시는 것이 아니라 자비를 베풀러 가시는 것이기에, 아무도 그분을 해칠 수 없습니다. 유대인들 자신도 비슷한 말을 했습니다. 그들이 돌을 던지려 하자 예수님이 이렇게 말씀하십니다. "나는 아버지의 분부에 따라 너희에게 좋은 일

---

60 "Rabbi, nunc quaerebant te Iudaei lapidare, et iterum vadis illus?"(「요한 복음서」, 11장 8절).
61 "Nonne duodecim sunt horae diei?"(「요한 복음서」, 11장 9절).
62 「요한 복음서」, 10장 1~9절.
63 "Eamus et nos, ut moriamur cum eo"(「요한 복음서」, 11장 16절).

을 많이 보여 주었다. 그 가운데에서 어떤 일로 나에게 돌을 던지려고 하느냐?"[64] 그러자 그들은 이렇게 대답했습니다. "좋은 일을 하였기 때문이 아니라 하느님을 모독하였기 때문에 당신에게 돌을 던지려는 것이오."[65] 그렇다면, 선한 일에 대해서는 돌을 들지 않는다고 그들이 말했고, 예수님은 나사로에게 생명을 주는 선한 일을 하러 가시는 것인데, 제자들의 두려움은 무엇이며 무엇 때문입니까? 오히려 이렇게 말하는 것이 더 낫지 않겠습니까. "스승님께서 행하실 선한 일의 열매를 맛보고, 그분을 칭송하고 그 은혜에 감사드리는 것을 보러 가자. 사람들이 그 기적에 경탄하는 모습을 보러 가자." 그러나 정작 나온 말은 엉뚱하게도 "우리도 스승님과 함께 죽으러 갑시다"라니요. 하지만, 사실 성인의 두려움은 신중함에서 나온 것이고, 그는 사도로서 할 말을 했던 것입니다. 그리스도는 기적을 행하러 가시는 게 아닙니까? 이보다 더 위험한 일이 어디 있겠습니까? 오만한 인간이 꾸지람을 듣는 것보다 더 견디기 힘든 게 남의 기적을 보고 시기심을 느끼는 것이기 때문입니다. 존경하는 수녀님, 지금까지 드린 말씀은 제가 지식 때문에 박해를 받았다는 뜻이 결코 아닙니다(그런 불손한 생각은 애당초 가질 수 없습니다). 이는 단지 제가 지식과 학문을 사랑했기에 드리는 말씀입니다. 두 가지 가운데 어느 것 하나도 이룬 것은 없지만요.

 사도들의 으뜸인 베드로조차 한때 얼마나 지혜로부터 멀어져 있

---

64 "Multa bona opera ostendi vobis ex Patre meo, propter quod eorum opus me lapitadis?"(「요한 복음서」, 10장 32절).
65 "De bono opere non lapidamus te, sed de blasphemia"(「요한 복음서」, 10장 33절).

었는지 이 구절을 보면 알 수 있습니다. "베드로는 멀찍이 떨어져 뒤따라갔다."[66] 배움과는 거리가 한참 멀고 경솔하다는 평을 듣던 그는 "자기가 무슨 말을 하는지도 몰랐"습니다.[67] 심지어 그는 주님을 아는지 묻는 사람들에게 자신은 전혀 들어 본 적조차 없다고 말합니다. "이 여자야, 나는 그 사람을 모르네."[68] 대체 그에게 무슨 일이 일어난 것입니까? 이렇게 무지하다는 평가를 받으며, 운도 없었지만, 그는 지혜로운 자들이 받는 고통을 받아야 했습니다. 왜 그럴까요? 이유는 하나뿐이었습니다. 그도 "저 사람과 함께 있었"기 때문입니다.[69] 그는 주님을 사랑했고, 자기 마음에 그분을 충만하게 채웠으며, 그분을 따라다녔고, 그분을 사랑하는 제자임을 자랑스러워했습니다. 비록 그가 지혜와는 너무도 "멀찍이" 떨어져 있어서 그것을 이해하거나 습득하지는 못했으나 그분을 향한 사랑은 너무도 커서 그 고난을 겪기에 충분했습니다. 바깥에 있던 병사 중에 그를 괴롭히지 않은 자가 없었고, 하녀 중에 그에게 잔소리를 하지 않은 자가 없었습니다. 고백하건대, 저는 지혜와는 거리가 멀고 단지 "멀찍이" 따라가기를 소망해 왔습니다. 그럼에도 불구하고, 모든 것이 저를 박해의 불길과 고통의 도가니로 더 가까이 밀어 넣었습니다. 그 결과 심지어 제가 공부하는 것을 금지하라고 청원하는 지경에 이르렀습니다.

---

66 "Petrus vero sequebatur eum a longe"(「루카 복음서」, 22장 54절).
67 "Nesciens quid diceret"(「루카 복음서」, 9장 33절).
68 "Mulier, nescio quid dicis. Mulier, non novi illum"(「루카 복음서」, 22장 57절).
69 "Et hic cum illo erat"(「루카 복음서」, 22장 56절).

그들은 공부하는 것이 종교재판소 소관이라고 생각하며 제게 공부를 중단하라고 명령한, 덕은 뛰어나지만 매우 순진한 어떤 수녀원장님을 통해 자기들 뜻을 이루었습니다. 저는 책을 들지 말라는 명령에 순명했습니다(그분의 임기가 지속됐던 3개월 정도의 기간이었습니다). 아무 공부도 하지 않는 것 역시 제 능력 밖의 일이었고, 그렇게 하지도 않았습니다. 비록 책을 읽지는 않았지만, 저는 하느님께서 창조하신 모든 것을 공부했기 때문입니다. 모든 사물이 제게는 글자였고, 우주가 작동하는 원리 모두가 제게는 책이었습니다. 저는 그 어떤 것도 아무 생각 없이 본 적이 없고, 아무리 작고 물질적인 것들이라 해도 깊은 성찰 없이 들은 적도 없습니다. 아무리 하찮은 것이라도 "하느님이 나를 창조하셨다"[70]라는 말을 깨닫게 하지 않는 피조물은 없었고, 성찰하면 할수록 경탄을 불러일으키지 않는 것이 없었기 때문입니다. 그래서, 다시 말씀드리지만, 저는 모든 것을 보고 모든 것에 감탄했습니다. 마찬가지로 저는 대화했던 사람들, 그들이 제게 했던 말들도 수없이 성찰했습니다. 우리가 모두 같은 인간인데 그토록 다양한 성격과 재주는 어디서 나오는 것일까요? 그렇게 만드는 기질과 숨겨진 성질은 무엇일까요? 저는 어떤 형상을 보면, 외곽선의 비율을 조합해서 저의 판단으로 재단한 다음 새로운 비율로 축소해 보곤 했습니다. 한번은, 우리 숙소 가운데 가장 넓고, 두 벽이 평행하고 천장도 완벽한 균형을 이루고 있는 방의 긴 벽을 따라 걸었는데, 제 눈에는 그것들이 비뚤어져서 두 벽의

---

70 "me fecit Deus."

선이 서로 휘어져 있고, 천장은 멀리서 보니 가까이서 볼 때보다 더 낮아 보였습니다. 이에 저는 눈에 보이는 선들이 똑바로 가는데, 완벽한 평행이 아니라 피라미드 형태를 이룬다고 추측했습니다. 그리고 이것이 고대인들로 하여금 세상이 둥근지 혹은 아닌지 의심하게 만들었던 이유일지 모른다고 생각했습니다. 비록 겉으로 멀쩡하게 보이더라도 시각적인 속임수일 수 있는 것입니다. 그래서 아무리 평평한 땅도 오목하게 보일 수 있는 겁니다.

  이처럼 저는 모든 것에 주의를 기울이는 것이 몸에 뱄고 지금도 그렇습니다. 그리고 이는 저 자신도 통제할 수가 없습니다. 제 머리를 피곤하게 하기에 종종 화도 납니다. 예전에 저는 이런 현상이, 그리고 시를 쓰는 것이 누구에게나 일어나는 일이라고 믿었으나, 경험을 통해 이제 그렇지 않다는 것을 알게 되었습니다. 이러한 성격이나 습관 때문에 저는 그 어떤 것도 두 번 생각하지 않고는 지나치지 않습니다. 한번은 두 소녀가 제 앞에서 팽이치기를 하고 있었습니다. 팽이가 돌기 시작하자마자, 저는 습성을 버리지 못하고, 구체를 그렇게 쉽게 움직이는 힘과, 힘이 전달된 후의 팽이가 어떻게 원인과 상관없이 계속 돌아갈 수 있는지 생각해 보기 시작했습니다. 소녀의 손은 운동을 일으킨 원인이지만, 그 손으로부터 떨어져도 팽이는 여전히 돌고 있었습니다. 저는 이것으로 만족하지 못해서, 밀가루를 가져와 뿌린 후 그 위로 팽이가 돌아가게 하면서 그것이 그리는 궤적이 완벽한 원형인지 아닌지 보려고 했습니다. 그리고 저는 그것이 단순한 나선형 선들이며, 외부의 힘이 감소함에 따라 원형의 형태를 잃어 간다는 것을 발견했습니다. 한번은 또 다른 소녀들이 '옷핀 놀이'[71]를 하고 있었습니다. 제가 가까이 가서 그들이 던진 옷핀들의 형상을 보았더니 우연히도 세 개가 삼각형 모양으로 떨어져 있어서 이와 연관된 갖가지 생각을 하기 시작했습니다. 그것은 솔로몬 왕이 끼고 있었다는 신비의 반지 형태였는데, 거룩한 삼위일체를 암시하는 어렴풋한 빛을 내는 그 반지 덕분에 솔로몬이 무수한 기적과 경이로움을 행할 수 있었다고 합니다. 그 형상은 또한 다윗이 가지고 있으면서 사울을 치유해 주었다는 하프의 모양이기도 했는데,[72] 오늘날의 하프도 여전히 거의 같은 형태를 가지고 있습니다.

제가 요리를 하면서 발견한 자연의 신비에 대해서도 수녀님께 말씀드리고 싶습니다. 달걀이 버터나 식용유에서는 굳어지면서 튀겨지지만, 반대로 시럽에서는 형태가 해체된다는 사실이나, 설탕이 액체 상태를 유지하려면 모과나 다른 신 과일을 담갔던 아주 소량의 물을 첨가하는 것으로 충분하다는 사실, 같은 달걀의 노른자와 흰자라도 성분이 반대여서, 설탕을 각각 섞었을 때와 함께 섞었을 때의 결과가 너무 다르다는 사실 등입니다. 이런 사소한 이야기들로 당신을 피곤하게 해 드리고 싶지는 않습니다. 저는 다만 제 본성의 모든 면을 온전히 보여 드리고 싶었습니다. 제 말씀을 듣고 웃으실 수도 있습니다. 그러나 수녀님, 여자가 요리 철학이 아니라면 무얼 알 수 있겠습니까? 루페르시오 레오나르도[73]가 정확히 말했듯이,

---

71 옷핀 놀이(juego de alfileres)는 당시 어린아이들이 옷핀을 던지며 놀았던 가장 흔한 놀이다.
72 「사무엘기 상권」, 16장 23절.

저녁 식사를 준비하면서도 충분히 철학을 할 수 있습니다. 이렇게 사소한 것들을 보면서, 저는 만약 아리스토텔레스가 요리를 했다면 훨씬 더 많은 글을 썼을 것이라고 말할 수 있습니다. 제가 사색하는 문제로 다시 돌아가 보자면, 제게는 그것이 너무도 끈질긴 것이어서 책조차 필요가 없었습니다. 한번은 심각한 위장 질환으로 의사들이 제게 공부를 금지한 적이 있습니다. 며칠 후, 저는 의사들에게 책을 허락하는 것이 차라리 더 해롭지 않을 거라고 제안했습니다. 왜냐하면 제 사색이 너무나도 강렬하고 격렬해서 4분의 1시간 동안 생각하는 것이 4일 내내 책을 읽는 것보다 더 많은 정신적 에너지를 소모했기 때문입니다. 그래서 그들은 제가 책을 읽도록 허락했습니다. 수녀님, 내친김에 말씀드리면, 저는 잠자는 시간조차 이렇게 끊임없이 활동하는 상상력에서 자유롭지 않았습니다. 오히려 그것은 방해받지 않은 상태로 더욱 자유롭게 활동하면서 아주 명료하고 침착하게 하루의 일들을 검토하여 문제 삼기도 하고 시를 쓰기도 했습니다. 저는 제가 깨어 있을 때보다 잠들어 있을 때 더 잘 만들어 놓은 시나 논점의 긴 목록을 수녀님께 드릴 수도 있습니다. 하지만 수녀님을 피곤하게 만들고 싶지 않기에 그러지는 않겠습니다. 당신의 지성과 통찰력은 지금까지 말씀드린 것만으로도 제 공부의 기원과 수단, 그리고 상태뿐만 아니라 저의 모든 본성을 완벽하게 이해하고 꿰뚫어 보실 수 있을 테니까요.

---

73 루페르시오 레오나르도 데 아르헨솔라(Lupercio Leonardo de Argensola, 1559~1613)는 스페인 황금 세기 시인이자 극작가다.

수녀님, 혹시 제 학문이 공헌한 것이 있더라도(제가 보기에 남자들에게서는 그렇다고 인정을 받습니다), 저는 어쩔 도리 없이 행한 일이므로 저의 공이라고 할 수 없을 것입니다. 만약 이것이 비난받아야 할 일이라 하더라도 역시 같은 이유로 제 잘못이 아니라고 믿습니다. 그럼에도 저는 항상 스스로에 대한 불신이 있기에, 이 일뿐만 아니라 다른 모든 일에 대해서도 제 자신의 판단을 믿지 않습니다. 따라서 저는 모든 결정을 당신의 높은 권능에 맡기며, 당신의 판결에 대해 어떤 이의도 거부감도 없이 따를 것입니다. 이는 제가 학문에 이끌리는 저의 성향을 단순히 서술한 것에 지나지 않기 때문입니다.[74]

제가 고백하고 싶은 것이 또 하나 있습니다. 제가 이미 말씀드린 바와 같이, 책이 굳이 필요하지 않았음에도 불구하고, 신학이나 세속적인 학문에서 제가 읽었던 많은 책이 저에게 큰 도움을 주었다는 사실입니다. 저는 드보라[75]가 군사 및 정치적인 법을 제정하여 학식 있는 남자들이 많았던 부족을 다스리던 모습을 봅니다. 또한, 세상의 모든 현인 가운데 가장 위대한 사람의 지혜를 시험해 보기 위해 감히 많은 까다로운 질문을 던졌던, 지혜롭기 그지없는 스바 여왕을 봅니다.[76] 여왕은 그 일로 비난을 받기는커녕 그 덕분에 불신자들의 심판관이 됩니다. 이 밖에도 저는 본보기가 될 만한 수많은

---

[74] 소르 후아나 연구자들은 여기서 편지의 서술 부분이 끝난다고 간주한다. 다음 대목부터는 이성과 논리에 근거한 논쟁 부분이 시작한다.
[75] 고대 이스라엘의 판관이었던 여자 예언자. 「판관기」, 4~5장 참고.
[76] 스바 여왕이 솔로몬 임금의 명성을 듣고 그의 지혜를 시험해 보기 위해 방문한다. 「열왕기 상권」, 10장.

여성을 발견합니다. 예언의 은사를 지닌 아비가일,[77] 설득의 은사를 지닌 에스테르,[78] 굳센 믿음을 지닌 라합,[79] 인내심을 지닌 사무엘의 어머니 한나,[80] 그리고 온갖 종류의 재능과 미덕을 가진 무수히 많은 여성을 말입니다.

만일 이방인들에게로 눈을 돌린다면, 제가 제일 먼저 만나는 사람은 하느님의 선택을 받아 우리 신앙의 주요한 신비들을 예언한 시빌라[81]들입니다. 그들은 매우 학식 있고 우아한 시구로 감탄을 불러일으킵니다. 저는 학문의 여신으로 추앙을 받는 미네르바를 알고 있습니다. 그녀는 최고신 주피터의 딸이며 아테네의 모든 지식을 관장하는 여자 스승입니다. 저는 남편인 루카누스가 위대한 『파르살리아(Pharsalia)』를 쓰는 데 도움을 준 폴라 아르헨타리아[82]도 아니다. 또한 신성한 예언자 테이레시아스[83]의 딸이며 자기 아버지보다 더 박식한 여성도 알고 있습니다. 저는 지혜로울 뿐만 아니라 용감하기도 했던 팔미라의 여왕 제노비아[84]도 압니다. 아리스티포스의

---

77   다윗 왕이 아내로 삼은 현명한 여인. 「사무엘기 상권」, 25장.
78   유대인이지만 페르시아의 여왕이 되었다. 크세르크세스 왕을 설득하여 동족의 학살을 막았다. 「에스테르기」 참고.
79   이스라엘 백성이 예리코를 공격할 때 도왔던 창녀. 「여호수아기」, 2장.
80   하느님께 간청하여 훗날 이스라엘의 판관이 되는 아들 사무엘을 낳은 여인. 「사무엘기 상권」, 1장.
81   고대 그리스에서 예언자 역할을 하던 여인들. 고대 로마에서 『시빌라의 책(Libros sibilinos)』으로 나왔다.
82   폴라 아르헨타리아(Pola Argentaria, 1세기 후반)는 로마의 계관시인이자 세네카의 조카인 마르쿠스 루카누스(Marcus Lucanus, 39~65)의 아내다.
83   테이레시아스(Tiresias)는 그리스 신화의 맹인 예언자다. 오비디우스의 『변신』과, 소포클레스의 『오이디푸스 왕』 등 그리스 비극에도 등장한다.
84   제노비아(Zenobia, 240~275)는 오늘날 시리아에 있었던 팔미라 제국의 여왕으로 이집트를 정복하고 로마에 항거했다.

딸로서 너무도 학문이 깊었던 딸 아레테[85]도 있습니다. 박식하기 그지없는 그리스 학자이자 라틴 학문의 창시자인 니코스트라타[86]의 존재도 압니다. 철학과 수사학을 가르쳤으며 철학자 페리클레스의 스승이었던 밀레투스의 아스파시아[87]도 있습니다. 또한 저는 알렉산드리아에서 수년간 천문학을 연구하고 가르친 히파티아[88]를 알고 있습니다. 철학자 테오프라스토스의 주장을 반박하는 논문을 써서 그를 납득시킨 그리스 여성 레온티온[89]도 있습니다. 이 밖에 유키아,[90] 코리나,[91] 코르넬리아[92] 등, 요컨대 고대 그리스인, 뮤즈, 혹은 신탁을 지키는 여신 등으로 불리며 명성을 누렸던 수많은 여성이 고대 이래 학식 높은 여성으로 간주되고, 찬양받고, 그리고 존경을 받았습니다. 책에 기록된 수많은 여성도 만나게 되는데, 그 가운데 이집트의 카타리나[93] 성녀는 당시 이집트 현인들의 모든 지혜를 배우

---

85 고대 그리스의 철학자 아리스티포스(Aristippos)는 소크라테스의 제자로서 키레네 학파의 창시자다. 아들이 두 명 있었으나 똑똑한 딸 아레테(Arete)를 후계자로 인정했다.
86 니코스트라타(Nicostrata)는 라틴어 알파벳의 첫 15글자를 창안했다고 알려진 전설적 여인이다.
87 밀레투스의 아스파시아(Aspasia of Miletus, BC 464?~420?)는 고대 그리스의 철학자로서 페리클레스의 아내다.
88 히파티아(Hypatia)는 4세기 중반에 출생해 415년에 세상을 떠난 신플라톤주의 철학자이며 최초의 여성 수학자로 알려져 있다.
89 레온티온(Leontion)은 고대 그리스 철학자로서 에피쿠로스의 제자다. 키케로에 따르면, 그녀는 아리스토텔레스의 리케이온 학당을 물려받은 후계자 테오프라스토스의 학설을 반박했다.
90 지혜로운 로마의 황후(193~211)였던 율리아 돔나를 지칭하는 것 같다.
91 코리나(Corinna)는 기원전 5세기, 고대 그리스의 서정시인으로 알려져 있다.
92 코르넬리아(Cornelia)는 아프리카에서 순교한 초기 그리스도교 성인이다.
93 성녀 카타리나(Catarina, 287~305)는 알렉산드리아 상류층 출신으로 그리스도교로 개종하였고 로마 황제 막센티우스를 비판하여 순교했다. 순교하는 과정에서 수많은 이적이 일어났다.

고 영향을 미친 여성입니다. 저는 책을 읽고 쓰고 가르쳤던 제르트루다[94]의 예도 들고 싶습니다. 그리고 멀리 갈 것도 없이, 히브리어, 그리스어, 라틴어에 능통하며 성경 해석에도 뛰어났던 지극히 거룩한 저의 어머니 파울라도 보입니다. 위대한 성 예로니모조차도 자신에게는 그녀의 연대기를 기록할 자격이 부족하다고 여기면서, 깊은 사고와 에너지 넘치는 생생한 진술을 통해 이렇게 말했습니다. "내 몸의 모든 지체가 혀가 된다 해도 파울라의 지혜와 덕행을 전하기에는 부족하다." 더 나아가 파울라의 두 딸인 과부 블레실라와 저명한 동정녀 에우스토키움도 같은 찬사를 받을 만합니다.[95] 특히 에우스토키움은 그 학식으로 인해 "세상의 불가사의"라고 불렸습니다. 로마 여성 파비올라[96]도 성경에 매우 해박했던 여성입니다. 또 다른 로마 여인 프로바 팔토니아[97]는 베르길리우스의 책에서 발췌한 문구를 통해 거룩한 신앙의 신비를 다룬 우아한 책을 썼습니다. 알폰소 10세의 아내인 우리의 도냐 이사벨[98]도 천문학에 대해 저술한 것이 잘 알려져 있습니다. 그리고 제가 늘 싫어했듯이, 다른 사람

---

94 헬프타의 제르트루다(Gertrude of Helfta, 1256~1302) 성녀는 독일 베네딕트 수도회의 신학자이자 신비가다.
95 파울라 성녀의 딸인 블레실라(Blesilla, 364~384)는 결혼 7개월에 남편을 잃고 과부가 된 후, 공부에 전념하면서 예로니모 성인을 도왔다. 다른 딸인 에우스토키움(Eustochium, 368~419)은 동정 서원을 한 후 예로니모의 성경 번역을 도왔고, 어머니가 세상을 떠난 뒤에는 수도원장직을 이어받았다.
96 파비올라(Fabiola)는 로마 귀족 가문 출신으로 예로니모 성인의 후원자 역할을 했고 큰 자선 사업으로 로마 시민들의 존경을 받았다.
97 프로바 팔토니아(Proba Faltonia)는 4세기 로마의 그리스도교 시인으로서 베르길리우스 작품을 개작해 예수 그리스도의 생애를 구성한 서사시를 썼다.
98 소르 후아나의 오류로 보인다. 스페인의 세종대왕이라 할 수 있는 현왕(賢王) 알폰소 10세의 왕비는 비올란테 데 아라곤(Violante de Aragón)이다.

들의 말을 그대로 옮기는 것을 피하기 위해 인용하지 않는 많은 여성이 있습니다. 예를 들어, 우리 시대에도 학식이 뛰어날 뿐만 아니라 용감하고 관대한 인물인 위대한 크리스티나 알렉산드라 스웨덴 여왕[99]이 있고, 고귀하신 아베이루 공작 부인[100]과 비야움브로사 백작 부인[101]도 있습니다.

성서학 교수이며 그 인덕과 가르침으로 저명한 아르세[102] 박사는 자신의 『성경 연구자(Studioso Bibliorum)』라는 책에서 이런 질문을 합니다. "여성이 성경을 공부하고 해석하는 데 종사하는 것이 합법적인가?"[103] 그리고 그는 여기 반대하는 얘기를 한 성인들의 많은 판단을 열거합니다. 그중 하나가 다음과 같은 사도 바오로의 말씀입니다. "여자들은 교회 안에서 잠자코 있어야 합니다. 그들에게는 말하는 것이 허락되어 있지 않습니다."[104] 그는 또한 같은 사도가 「티토에게 보낸 서간」에서 말한 다른 의견도 인용합니다. "나이 많은 여자들도 마찬가지로 몸가짐에 기품이 있어야 하고, (…) 선을

---

99   스웨덴 여왕인 크리스티나 알렉산드라(Cristina Alexandra, 1626~1689)는 1654년 왕위를 양위하고 개신교에서 가톨릭교로 개종한 후 로마에서 사망했다. 학문과 예술을 사랑하는 후원자였고, 프랑스 철학자 르네 데카르트(1596~1650)를 스웨덴 왕궁으로 초청해 강의를 들었다. 그러나 데카르트는 여왕을 위한 새벽 5시 강의를 하느라 무리하다가 폐렴에 걸려 세상을 떠난다.

100   아베이루(Aveiro, 1630~1715) 공작 부인은 포르투갈의 왕족으로서 누에바 에스파냐 부왕의 부인인 파레데스 여백작과 친구 사이였다.

101   스페인의 비야움브로사(Villaumbrosa, 1640~1700) 백작 부인은 학문을 장려하고 가문의 귀중한 도서관을 보존한 인물이다.

102   후안 디아스 데 아르세(Juan Díaz de Arce, 1594~1653)는 멕시코 왕립 교황청 대학교 신학 교수와 산토도밍고 대주교를 지냈다.

103   "An liceat foeminis sacrorum Bibliorum studio incumbere? eaque interpretari."

104   "Muliere in Ecclesiis taceant, non enim permittitur eis loqui"(「코린토 신자들에게 보낸 첫째 서간」, 14장 34절).

가르치는 사람이 되어야 합니다."[105] 그는 거룩한 교부들의 해석을 덧붙이면서 결국 이렇게 신중한 결론을 내립니다. 교단에서 강의하거나 강론대에서 설교하는 것은 여성에게 합당하지 않지만, 학문을 탐구하고 글을 쓰며 개인적으로 가르치는 것은 합법적일 뿐만 아니라 매우 유익하고 유용하다는 것입니다. 물론 이는 모든 여성에게 해당하는 것이 아니라, 하느님께서 특별한 덕성과 신중함을 부여하셔서 성숙하고 박식하며 그러한 신성한 일에 필요한 재능과 자격을 갖춘 여성들에게만 해당합니다. 또한 반대의 경우는 능력 없다고 여겨지는 여성들에게만 적용되는 것이 아니라, 단지 남성이라는 이유만으로 자신이 현명하다고 생각하는 모든 남성에게도 적용됩니다. 성경 해석은 매우 학식이 깊고 덕성이 뛰어나며 온화하고 선량한 성품을 가지지 않는 남성에게는 금지되어야 합니다. 그러지 않을 경우, 수많은 분파주의와 무수한 이단의 뿌리가 되고 맙니다. 왜냐하면 공부는 하지만 무지한 상태에 머물러 있는 사람들이 너무 많기 때문입니다. 특히 성품이 거만하고, 불안정하며, 교만하고, 율법을 자꾸 새롭게 바꾸려는 사람들이 그렇습니다(그러나 율법은 본질적으로 바뀌는 것이 아닙니다). 그들은 다른 사람이 말하지 않은 것을 말하기 위해 만족하지 않으며 결국 이단에 빠집니다. 그들에 대해 성령께서는 이렇게 말씀하십니다. "지혜는 간악한 영혼 안으로 들지 않는다."[106] 이런 남성들에게는 지식이 무지보다 더 해로울 뿐

---

105 "ad Titum: Anus similiter in habitu sancto, bene docentes"(「티토에게 보낸 서간」, 2장 3절).
106 "In malevolam animam non introibit sapientia"(「지혜서」, 1장 4절).

입니다. 어떤 현자는 이렇게 말합니다. "라틴어를 모르는 사람은 완전한 바보는 아니지만, 라틴어를 아는 사람은 바보가 될 자격을 갖추었다." 여기에 저는 이렇게 덧붙이고 싶습니다. 바보도 철학과 신학을 조금 공부하고 언어에 대한 지식을 약간 갖춘다면 (만일 무지도 완벽해질 수 있다면) 완벽함에 이를 수 있고, 많은 학문과 여러 언어에서 바보짓을 할 수 있습니다. 왜냐하면 위대한 바보는 자신의 모국어 하나로만 국한될 수 없기 때문입니다.

이 남자들은, 다시 말하지만, 공부로 인해 손해를 입는데, 이는 마치 미치광이 손에 칼을 쥐여 주는 것과 같습니다. 방어를 위한 고귀한 도구가 그의 손에 들어가면, 자신과 많은 다른 이들의 죽음을 의미하는 것입니다. 이것이 바로 거룩한 책이 사악한 펠라기우스,[107] 간악한 아리우스,[108] 사악한 루터,[109] 그리고 그 밖에 우리의 카사야[110] 박사(사실 그는 '우리' 사람도 아니었고 '박사'도 아니었습니다)와 같은 이단 추종자들에게 들어가면서 일어난 일입니다. 그들 모두는 지식이 영혼의 최고 양식이자 생명임에도 불구하고 지식으로 인해 해를 입었습니다. 이는 마치 위장이 건강이 안 좋고 나

---

[107] 펠라기우스(Pelagius, 360?~418?)는 브리튼섬 출신의 학자로서, 원죄를 부정하고 인간의 자유의지로 구원을 받기에 충분하다고 주장하며 성 아우구스티누스와 논쟁하다가 결국 431년 에페소 공의회에서 이단으로 정죄되었다.

[108] 아리우스(Arius)는 알렉산드리아 출신의 신학자로서, 예수 그리스도의 신성과 삼위일체 교리를 부정하여 니케아 공의회(325)에서 이단으로 정죄되었다.

[109] 마르틴 루터(Martin Luther, 1483~1546)는 독일 아우구스티누스 수도회 사제다. 1517년 교황의 면벌부 판매를 비판하는 95개 조항을 게시하며 종교개혁을 시작했다.

[110] 카사야(Agustín de Cazalla, 1510~1559)는 스페인의 가톨릭 사제로서, 루터파 신앙을 전파했다는 이단 죄목으로 바야돌리드에서 화형당했다.

쁜 열기가 있으면 아무리 좋은 음식을 섭취하더라도 더 메마르고 부패하고 사악한 체액을 만들어 내는 것과 마찬가지입니다. 이 악인들 역시 공부를 하면 할수록 더 나쁜 생각을 만들어 낸 것입니다. 그들의 이해력은 좋은 생각을 키우는 데 도움을 줄 수 있었던 바로 그것에 의해 가로막혀서, 자기 이해력의 그릇이 작은 것은 고려하지 않은 채, 공부는 많이 했어도 소화는 거의 시키지 못한 것입니다. 이에 대해 사도 바오로는 다음과 같이 말합니다. "하느님께서 나에게 베푸신 은총에 힘입어 여러분 모두에게 말합니다. 자신에 관하여 마땅히 생각해야 하는 것 이상으로 분수에 넘치는 생각을 하지 마십시오. 저마다 하느님께서 나누어 주신 믿음의 정도에 따라 건전하게 생각하십시오."[111] 사실 사도의 이 말씀은 여성이 아니라 남성들에게 하신 것입니다. "타체안트"[112]는 단순히 여성뿐만 아니라 그리 능력이 없는 모든 이들에게 향하는 말씀입니다. 제가 아리스토텔레스나 아우구스티누스 성인만큼 혹은 더 많이 알고 싶다고 해도 제게 그분들의 재능이 없다면, 아무리 열심히 공부하더라도 그것을 이루지 못할뿐더러 저의 빈약한 이해력을 더 약화시키고 혼란스럽게 만들어 대상을 왜곡하고 말 것입니다.

아, 우리가 모두 (그중에서도, 무지한 제가 제일 먼저) 공부를 시작하기 전에 자신의 재능을 진지하게 고려해 본다면, 특히 남들을

---

111 "Dico enim per gratiam quae data est mihi, omnibus qui sunt inter vos: Non plus sapere quam oportet sapere, sed sapere ad sobrietatem: et unicuique sicut Deus divisit mensuram fidei"(「로마 신자들에게 보낸 서간」, 12장 3절).

112 "침묵하라(taceant)"라는 뜻.

따라잡거나 동등하게 되겠다는 야심 섞인 탐욕을 가지고 글을 쓰기 전에 그 점을 고려해 본다면, 얼마나 많은 우리의 욕심이 줄어들 것이며, 얼마나 많은 오류를 피할 수 있을 것이며, 얼마나 많은 왜곡된 지성이 세상에 나타나지 않았을까요! 저는 위의 잘못 가운데 제 것을 가장 먼저 꼽습니다. 제가 만일 일찍이 그걸 알았더라면 저는 이 글조차 쓰지 않았을 것입니다. 그리고 제가 이 글을 쓰는 것은 단지 당신 말씀에 복종하기 위한 것이며, 제가 더 완벽한 작품을 당신께 드렸을 때보다 이렇게 두려움을 안고 펜을 들게 한 것에 대해 당신은 제게 더 큰 부담을 가지셔야 한다고 말씀드립니다. 그나마 이 글이 당신에 의해 수정될 수 있으니 다행입니다. 이것을 지우든, 찢어 버리든, 저를 꾸짖든 해 주십시오. 그렇다면 저는 다른 이들이 제게 보내는 공허한 박수갈채보다 더 존중할 것입니다. "의인이 자애로 저를 때려도 저를 벌해도 좋습니다. 그것은 머릿기름, 제 머리가 마다하지 않으오리다."[113]

다시 우리의 아르세 박사에게 돌아가자면, 그는 자신의 의견을 입증하기 위해 제 교부인 예로니모 성인이 「레타에게: 딸의 교육에 대하여」[114]에서 하신 말씀을 인용합니다. 그곳에서 성 예로니모는 이렇게 말했습니다. "어릴 때부터 그녀의 혀를 시편의 달콤함에 익숙

---

113 "Corripiet me iustus in misericordia, et increpabit: oleum autem peccatoris non impinguet caput meum"(「시편」, 141편 5절).
114 "ad Laetam, de institutione filiae". 레타는 예로니모 성인의 후원자이자 조력자인 성녀 파울라의 며느리로 알려져 있다. 레타는 파울라의 아들인 타옥시우스(Toxotius)와 결혼해 딸을 낳았고, 시어머니를 따라 파울라라는 이름을 붙였다. 이 글은 성 예로니모가 레타에게 그리스도교 신자로서 올바른 자녀 교육에 대해 권고한 편지 형식의 글이다.

하게 하세요. 그녀가 점차 문장을 만들어 가면서 익숙해질 이름조차도 자의적으로 선택하지 말고, 신중하게 선택하고 반복해야 합니다. 물론 예언자들과 사도들은 물론이고, 아담으로부터 마태오와 루카에 이르기까지 모든 교회 인물도 포함해야 합니다. 그렇게 함으로써 그녀는 다른 일을 하면서도 미래를 위한 기억을 준비할 수 있을 겁니다. 당신이 내 주는 일일 과제가 성경의 정수에서 나오도록 해야 합니다."[115] 성인이 이제 막 말을 배우기 시작한 어린 소녀조차 이렇게 교육해야 한다고 하셨다면, 자기 수도원 수녀들과 영적 딸들에게는 무엇을 원하셨겠습니까? 예로니모 성인은 위의 편지에서 언급한 에우스토키움, 파비올라, 마르셀라와 그 자매 파카툴라,[116] 그리고 그 밖의 다른 이들에게도 이 신성한 훈련을 권고하셨음이 잘 알려져 있습니다. 그리고 이는 제가 편지에서 "과제를 당신에게 돌려주게 만드세요"[117]라는 문구를 언급한 데에도 나와 있습니다. 이 구절은 성 바오로의 "선을 가르치는 사람"[118]과 같은 뜻이라는 것을 확인하고 동의할 수 있습니다. 제 위대한 교부의 "당신에게 돌려주게 만드세요"[119]는 소녀의 선생이 바로 그 엄마인 레타

---

115 "Adhuc tenera lingua psalmis dulcibus imbuatur. Ipsa nomina per quae consuescit paulatim verba contexere, non sint fortuita, sed certa, et coacervata de industria. Prophetarum videlicet, atque Apostolorum, et omnis ab Adam Patriarcharum series, de Matthaeo, Lucaque descendat, ut dum aliud agit, futurae memoriae praeparetur. Reddat tibi pensum quotidie, de Scripturarum floribus carptum."
116 마르셀라(Marcela)와 파카툴라(Pacátula) 자매는 로마 귀족 가문 출신으로서, 예로니모 성인의 제자가 되어 경건한 삶을 살았다.
117 "reddat tibi pensum."
118 "bene docentes"(「티토에게 보낸 서간」, 2장 3절).
119 "reddat tibi."

라는 걸 알게 해 줍니다.

아, 만일 우리나라에서 나이 든 여성들이 레타처럼 많이 배워서, 성 바오로와 저의 교부 성 예로니모가 권고한 대로 가르칠 줄 안다면 얼마나 많은 해악을 방지할 수 있을까요! 하지만 현실은 그렇지 않습니다. 우리 가련한 여성들은 극도의 나태함 속에 방치되어 있습니다. 만약 일부 부모가 딸들에게 보통 이상의 교육을 시키려고 한다면, 꼭 필요한 여자 선생이 부족한 현실에서 남자 선생들에게 읽기, 쓰기, 산수, 악기 연주 및 기타 기술을 가르치도록 맡길 수밖에 없습니다. 그러나 이는 안타깝게도 주변에서 매일 목격하게 되는 불균형한 남녀 관계의 사례에서 볼 수 있듯이, 적지 않은 해악을 초래합니다. 가깝게 접촉하고 소통하다 보면, 시간이 지나면서, 가능하지 않다고 생각했던 일들이 쉽게 일어나곤 하기 때문입니다. 때문에, 많은 부모는 딸들이 남자들과 가까워지는 큰 위험에 노출되는 것보다는 차라리 글을 모르고 교육도 받지 않는 상태로 두려고 하는 것입니다. 그러나 이런 우려는, 성 바오로가 원했던 대로, 학식 있는 나이 든 여성들이 있었다면 피할 수 있었을 것이고, 바느질이나 기타 전통적인 가사 교육에서처럼 교육이 여성들에게 전수되었을 것입니다.

많이 배운 나이 든 여성이 거룩한 대화와 관습을 통해 젊은 소녀들을 교육하는 데에 무슨 단점이 있겠습니까? 이렇게 하지 못하다 보니 소녀들을 교육하지 않고 방치하거나, 남자 선생들을 구해서라도 교육을 시키려는 위험에 노출되는 것입니다. 특히, (심지어 자기 아버지가 바라봐도 얼굴을 붉히는) 수줍음 많은 소녀를 가정적인 친밀함과 격식 없는 권위를 가진 낯선 남자 옆에 앉히는 부적절한 사례보다 더 위험한 일은 없습니다. 남자와 접촉하고 대화하면서 소녀가 느낄 수 있는 수치심이나 부끄러움 자체가 이것이 허용되면 안 되는 이유입니다. 이렇게 남성이 여성을 가르칠 때, 고해성사라는 엄숙한 자리, 멀리 떨어진 교단의 강의, 혹은 책을 통한 간접적인 학습을 제외하고는 위험이 없을 수 없음을 알고 있습니다. 특히 손이 닿는 거리에서 같이 있을 때는 더욱 그렇습니다. 모두가 이를 인정하고 있음에도 불구하고, 학식 있는 나이 든 여성이 부족하기에 이런 일이 허용됩니다. 따라서 그 부재는 큰 해악을 초래합니다. "여자들은 교회 안에서 잠자코 있어야 합니다"[120]라는 문구에 집착하여 여성이 배우고 가르치는 것을 불경하다고 여기는 이들은 이런 점을 고려해야 합니다. 사도 바오로도 나이 많은 여자들이 "선을 가르치는 사람"[121]이 되라고 하지 않았습니까? 더욱이, 여자들에게 입을 열지 말라는 금지 명령은, 에우세비우스[122]가 지적하듯이, 초기 교회 성전에서 여자들이 서로 교리를 가르치던 소리가 사도들의 설교에 방해가 되었기 때문에 내려진 것입니다. 이는 오늘날에도 사제가 강론할 때 신자들이 큰 소리로 기도하지 않는 것과 마찬가지입니다.

  성경 구절 가운데 많은 부분을 이해하려면, 그것이 기록된 시대의 역사, 관습, 의례, 속담, 심지어 말투까지 알아야 하는 것이 당연

---

120 "Mulieres in Ecclesia taceant"(「코린토 신자들에게 보낸 첫째 서간」, 14장 34절).
121 "bene docentes"(「티토에게 보낸 서간」, 2장 3절).
122 에우세비우스(Eusebius of Caesarea, 260?~339)는 그리스도교 초기 교회 주교이자 역사가로서 『교회사(Historia Ecclesiastica)』를 썼다. 교회사의 아버지라 불린다.

합니다. 그래야만 그 거룩한 책이 무엇에 대한 말이고 무엇을 의미하는지 알 수 있습니다. 예를 들어, "옷이 아니라 너희 마음을 찢어라"[123]는 히브리인들이 슬픔의 표시로 옷을 찢는 의식을 가리킵니다. 예수님께서 하느님을 모독했다고 주장하며 옷을 찢은 대사제의 행동에서도 볼 수 있습니다.[124] 사도 바오로가 여러 대목에서 과부들을 돕는 걸 언급한 구절도 당시의 관습을 보여 줍니다. 훌륭한 아내에 대한 언급에서 "그 남편은 성문에서 지방 원로들과 함께 앉을 때 존경을 받는다"[125]라는 말은 도시의 성문에서 재판이 열리던 관습을 말하는 게 아니겠습니까? "땅을 주님께 바치라"[126]는 표현은 하느님께 서원(誓願)하는 것을 의미하지 않았습니까? "겨울나기"[127]는 실내에서 참회하는 사람들과 달리 야외 공공장소에서 참회 의식을 하는 죄인들을 지칭하는 게 아니었습니까? 그리스도께서 당신을 초대한 바리새인에게 발에 입을 맞추고 씻어 주지 않았다고 책망하신 것은 유대인들이 손님을 맞을 때 이 예절을 행하던 관습에 근거한 것이 아닙니까?[128] 성경뿐만 아니라 세속 문헌에서도 우리는 수많은 예를 볼 수 있습니다. 예를 들어 "자주색을 경배하라"[129]는 "왕에게 복종하라"라는 뜻이고, "그를 해방하라"[130]는

---

123 "Scindite corda vestra, et non vestimenta vestra"(「요엘서」, 2장 13절).
124 「마태오 복음서」, 26장 65절.
125 "Nobilis in portis vir eius"(「잠언」, 31장 23절).
126 "dare terram Deo."「레위기」, 27장 21절 참고.
127 Hiemantes. 초기 교회에서 아무리 추위도 잘못한 사람들을 밖에 세워 두는 처벌 방법.
128 「루카 복음서」, 7장 44절.
129 "adorate purpuram."

해방을 의미하는데, 노예를 해방할 때 그의 뺨을 손바닥으로 가볍게 치던 관습과 의식을 말합니다. 베르길리우스의 "하늘이 천둥 쳤다"[131]라는 말은 좋은 징조였던 서쪽 하늘 천둥을 예견하는 것을 말합니다. 마르티알의 "너는 토끼를 먹은 적이 없다"[132]라는 표현은 'leporem(토끼)'이라는 단어가 가진 중의성의 매력을 보여 주기도 하고, 토끼가 가지고 있다고 알려진 여러 장점을 말하기도 합니다. "말리아 해안을 항해하는 것은 집에 가지고 있는 것을 잊는다는 걸 의미한다"[133]라는 속담은 라코니아의 곶[134]을 항해할 때의 엄청난 위험성을 비유한 것입니다. 정숙한 여인이 끈질기게 접근하는 구혼자에게 한 대답인 "나로 인해 문설주에 기름을 바르지 않을 것이고 횃불도 타지 않을 것이다"라는 말은 결혼을 원하지 않음을 나타냅니다. 이는 결혼식에서 문설주에 기름을 바르고 혼인 횃불을 밝히는 의식을 배경으로 합니다. 이를 요즘 말하는 식으로 하면, "나 때문에 지참금이 지급되지는 않을 것이고 사제도 축복을 내리지 않을 것이다"입니다. 베르길리우스와 호메로스, 그리고 모든 시인과 웅변가들에게는 이런 종류의 표현이 무수히 많습니다. 한편 이와는 별도로, 성경 구절에서는 어려운 부분도 너무 많습니다. 심지어, 다

---

130 "manumittere eum."
131 "intonuit coelum." 베르길리우스의 『아이네이스』에 나오는 표현.
132 "Tu nunquam leporem edisti." 고대 로마 제국의 작가 마르티알의 작품 『에피그램(Epigrammata)』에 나오는 표현.
133 "Maleam legens, quae sunt domi obliviscere."
134 라코니아는 그리스 남부 펠로폰네소스반도 남동부에 위치한 곳으로 고대 스파르타 왕국의 중심지였다. 말리아코스(Maleas)곶과 같이 해안선이 두드러진 지형이 많은데, 본문의 '말리아'가 '말리아코스'를 의미하는 것 같다.

음 구절에서 보듯이, 문법적으로 단수를 써야 할 곳에 복수를 쓰거나, 갑자기 2인칭에서 3인칭으로 바뀌기도 합니다. "아, 제발 그이가 내게 입 맞춰 주었으면! 당신의 사랑은 포도주보다 달콤하답니다."[135] 또한 "구원의 잔을 들고서 주님의 이름을 받들어 부르네"[136]라는 문장에서는 'salutaris(구원의)'가 대격(對格) 대신 속격(屬格)으로 쓰였습니다. 혹은 남성형 대신 여성형을 쓰거나 그 반대도 있으며, 모든 죄를 간음이라고 부르기도 합니다.

이 모든 것은 단순한 문법학자들이나 형식 논리학 용어를 몇 개 안다는 사람들이 생각하는 것보다 더 깊은 연구가 필요합니다. 그런데도 이들은 성경을 해석하면서, 그 구절이 어떻게 이해되어야 하는지 그 문맥도 모른 채 "여자들은 교회 안에서 잠자코 있어야 합니다"[137]라는 피상적 의미만 고수합니다. 또 다른 구절, "여자는 조용히 (…) 배워야 합니다"[138]는 여성들에게 적대적인 것이 아니라 여자들에게 자신을 위해 배우라고 명령하는 것입니다. 물론 배우는 동안에는 조용히 있으라는 뜻이지요.[138] 한편 "들으라 이스라엘아, 그리고 침묵하라"[139]라는 구절도 있습니다. 여기서는 남자와 여자 모두에게 말하고, 또 침묵하라고 명령합니다. 듣고 배우는 사람은 늘 주의를 기울이고 침묵하는 사람이기 때문입니다. 만일 이 말이 틀린다고 생각한다면, 저는 바오로 사도를 연구하고 해석하

---

135 "osculetur me osculo oris sui : quia meliora sunt ubera tua vino"(「아가」, 1장 2절).
136 "Calicem salutaris accipiam"(「시편」, 116편 13절).
137 "Mulieres in Ecclesia taceant"(「코린토 신자들에게 보낸 첫째 서간」, 14장 34절).
138 "Mulier in silentio discat"(「티모테오에게 보낸 첫째 서간」, 2장 11절).
139 "Audi Israel, et tace"(성경에 없는 구절).

는 분들에게 "여자들은 교회 안에서 잠자코 있어야 합니다"라는 그분의 말씀을 어떻게 이해해야 하는지 묻고 싶습니다. 그들은 교회를 두 의미 중 하나로 이해할 것입니다. 하나는 설교대와 주교좌의 강론대가 있는 물리적 의미의 교회이고, 다른 하나는 모든 믿는 이들의 보편성을 뜻하는 의례적 의미의 교회입니다. 만일 그들이 첫 번째 의미로 이해한다면(제 생각에는 이렇게 이해하는 것 같습니다. 실제로 여자가 교회에서 성경을 봉독하거나 설교하는 것이 허용되지 않으니까요), 왜 개인적으로 공부하는 여성들까지 비난합니까? 다른 한편, 그들이 '교회'를 후자의 의미로 이해하여, 여성의 성경 공부가 당연히 금지되어야 하고 심지어 개인적인 글쓰기나 공부도 허용하지 말아야 한다고 주장한다면, 그동안 교회가 제르투르다 성녀, 아빌라의 데레사 성녀, 비르지타 성녀,[140] 아그레다 수녀,[141] 그리고 다른 많은 여성이 글을 쓰는 걸 허용한 것은 어떻게 보아야 합니까? 만일 이분들이 성녀였기 때문이라고 반박한다면, 그 말은 맞지만 제 말을 뒤집지는 못합니다. 우선, 사도 바오로의 명제는 절대적인 것으로서 성인 여부와 관계없이 모든 여성을 포함하기 때문입니다. 마르타와 마리아,[142] 마르셀라, 사도 야고

---

140 스웨덴의 비르지타(Birgitta, 1303~1373) 성녀는 가톨릭교회의 신비가(mística)이다. 과부가 된 후 엄격한 수도 생활을 하면서 수많은 계시를 받았으며 비르지타회(삼위일체회)를 창립했다. 여덟 자녀 중의 딸인 카타리나도 성인으로 시성된다. '계시의 성녀'라 불리며, 스웨덴의 수호 성녀다.
141 아그레다(María de Jesús de Ágreda, 1602~1665) 수녀는 스페인 출신의 신비가다. 『주님의 신비로운 도성(Mística ciudad de Dios)』을 썼다. 수녀원 밖으로 나가 본 적이 없음에도 아메리카 원주민들에게 나타나 선교한 이적(異蹟)으로 유명하다.
142 「루카 복음서」 10장 38~42절에서 예수님이 방문한 집에 살던 두 자매.

보의 어머니 살로메,[143] 그리고 초대 교회의 열정 속에 살던 많은 여성이 있었는데, 바오로 사도는 자신과 동시대에 살던 이분들을 특별히 예외로 하지 않습니다. 그리고 우리는 현재 교회가 성인이든 아니든 모든 여성의 글을 허용한다는 걸 알 수 있습니다. 아그레다 수녀와 마리아 데 라 안티구아[144] 수녀는 성인으로 시성되지 않았지만 그들의 글은 배포되어 읽히고 있습니다. 심지어 성녀 데레사와 다른 여성들이 글을 쓸 때도 그들은 아직 성인이 아니었습니다. 따라서 사도 바오로는 여자가 단지 강론대에 서지 말라고 하는 것입니다. 만일 사도가 글쓰기를 금지했다면, 교회는 이에 따라 그것도 허용하지 않았을 것입니다. 지금 저는 가르치는 일은 감히 생각도 하지 못합니다. 제게 그건 과도한 오만이 될 것입니다. 그리고 글을 쓰는 것도 저보다 더 큰 재능과 더 많은 분별심을 요구합니다. 키프리아누스[145] 성인은 이렇게 말합니다. "우리가 쓰는 모든 일은 최고의 사려 깊은 분별력을 필요로 한다."[146] 제가 원했던 것은 오로지 더 무지하지 않기 위해 공부하는 것이었습니다. 성 아우구스티누스에 따르면, 어떤 것은 그걸 하기 위해서 배우고, 또 어떤 것은 그냥 알

---

143 살로메는 제베대오의 아내이며, 예수님 제자이자 '천둥의 아들들'이라 불리는 야고보와 요한의 어머니. 야고보는 예수님의 열두 제자 가운데 처음으로 순교했는데, 훗날 그의 무덤이 스페인 산티아고 데 콤포스텔라에서 발견되어 순례길 '카미노 데 산티아고'의 기원이 된다.
144 마리아 데 라 안티구아(María de la Antigua, 1566~1617)는 스페인 클라라 수도회 수녀다.
145 키프리아누스(Thascius Caecilius Cyprianus, 200?~258)는 뛰어난 학식을 가진 초기 그리스도교회 교부로서 카르타고 주교를 지냈고 청빈의 삶을 살다가 순교했다.
146 "Gravi consideratione indigent, quae scribimus."

기 위해 배운다고 합니다.[147] 그렇다면 제가 범한 잘못이 무엇일까요? 저는 제 능력의 부족을 알기에, "사람은 타인의 가르침뿐 아니라 자신의 본성으로부터도 배워야 한다"[148]는 퀸틸리아누스의 충고에 따라, 여성들에게 허용된 일, 즉 글을 통해 가르치는 것조차 하지 않았는데 말입니다.

만약 저의 잘못이 「아테나 여신에 버금가는 편지」를 쓴 것이라면, 우리 거룩한 어머니 교회에 감사드린다는 생각을 모든 존경심을 담아 언급한 것뿐인데 그 내용에 무슨 문제가 있다는 말입니까? 거룩한 권위를 가진 교회가 그것을 금하지 않았는데, 왜 다른 이들이 그것을 금하는 것입니까? 제가 비에이라 신부님께 반대하는 의견을 낸 것이 너무 무례했던 것입니까? 그렇다면 그 신부님께서 교회의 거룩한 세 분의 교부에 반대하는 의견을 표명한 것은 왜 문제가 되지 않았습니까?[149] 저의 이해력도 그의 이해력만큼 자유롭지 않습니까? 둘 다 같은 토양에서 온 것인데 말입니다. 그의 생각이 우리가 계시받은 거룩한 신앙의 원리라도 되어 우리가 맹목적으로 믿어야 하는 것입니까? 게다가 저는 그분에게 합당한 예우를 결코 소홀히 하지 않았습니다. 하지만 그분을 옹호한다는 사람은 그렇지 않

---

147 "Discimus quaedam, ut sciamus; quaedam, ut faciamus."
148 "Noscant quisque, et non tantum ex alienis praeceptis, sed ex natura sua capiat consilium."
149 여기서 세 명의 교부는 성 아우구스티누스, 성 토마스 아퀴나스, 그리고 성 요한 크리소스토모(Ioannes Chrysostomus, 347~407)를 말한다. 요한 크리소스토모 성인은 동로마 제국의 총대주교로서 뛰어난 학식과 깊은 신앙으로 교회를 개혁했고, 특히 뛰어난 설교 능력으로 유명했다.

았고, 이는 티투스 루키우스의 "존경심은 학문의 동반자이다"[150]라는 말을 망각했기 때문입니다. 게다가 저는 거룩한 수도회[151]를 털끝 하나 건드리지도 않았습니다. 그리고 제가 그 편지를 쓴 것은 오로지 제게 그것을 권했던 분의 판단을 들어 보기 위해서였습니다. 플리니우스는 이렇게 말합니다. "그냥 말로 하는 사람과 그것을 글로 내는 사람의 상태는 너무나 다르다."[152] 만약 제가 그 편지가 출판되리라 생각했다면, 결코 그렇게 다듬어지지 않은 상태로 내지는 않았을 것입니다. 만약 비판하는 분들의 말대로 편지가 이단적이라면, 왜 그것을 고발하지 않습니까? 그러면 그의 복수는 이루어질 것이고 저는 만족할 것입니다. 왜냐하면, 당연한 말이지만, 저는 학자로서 받는 어떠한 찬사보다도 가톨릭 신자라는 이름과 거룩한 어머니 교회에 순종하는 딸로서의 정체성을 더 소중히 여기기 때문입니다. 만일 제 글이, 비판자의 말대로, 무모했다면 웃으라고 하십시오. 비록 억지웃음일지라도 말입니다. 그래도 저는 그에게 칭찬해 달라는 말은 하지 않을 겁니다. 제가 비에이라 신부님 의견에 동의하지 않는 자유가 있는 것처럼, 그 누구든 제 글과 생각이 다를 자유가 있기 때문입니다.

그러나, 수녀님, 지금 저를 둘러싼 일이 대체 어디로 가고 있는 것입니까? 제 글은 여기에 맞지도 않고, 당신이 들으시라고 한 것도 아닙니다. 그냥 저를 비판하는 사람들 얘기를 하다가, 최근에 등장

---

150   "Artes committatur deco."
151   안토니우 비에이라 신부가 속한 예수회를 지칭한다.
152   "non similis est conditio publicantis, et nominatim dicentis."

한 한 사람의 말을 떠올렸고, 저도 모르게 그의 말에 대응하는 모양의 글이 되고 만 것입니다. 제 의도는 포괄적인 글을 쓰려던 것이었는데 말입니다. 우리 아르세 교수의 얘기를 다시 빌리자면, 그는 이 도시에서 두 명의 수녀를 알았다고 합니다. 한 명은 레히나 수도원(Convento de Regina)에 있던 분인데, 성무일도(Breviario)를 워낙 잘 외우고 있어서 대화할 때 그 구절들, 시편, 그리고 성인들의 강론에 나오는 문장들을 아주 정확하고 적절하게 구사했다고 합니다. 다른 분은 콘셉시온 수도원(Convento de la Concepción)에 있던 분으로, 교부 예로니모 성인의 서한과 문장들을 읽는 것이 워낙 습관화되어 있어서, 아르세가 "예로니모 자신이 스페인어로 말하는 것을 듣는 것 같았다"[153]라고 할 정도였다고 합니다. 그런데 그는 이 두 번째 수녀가 세상을 떠난 후, 그녀가 그 서한을 스페인어로 번역했다는 사실을 알게 되었다고 말하면서 그런 재능이 철학과 관련된 더 폭넓은 학문에 활용되지 못한 것을 안타까워했습니다. 그는 두 사람 가운데 누구의 이름도 밝히지 않고 있습니다. 다만 그는 성경을 공부하는 것이 여성들에게, 특히 수녀들에게 합법적일뿐더러 매우 유익하고 필요하다는 자신의 판단을 뒷받침하기 위해 이들을 언급한 것입니다. 당신이 혜안을 가지고 저를 격려한 것이나, 이를 뒷받침하는 수많은 근거 역시 이 판단과 동일한 것입니다.

이제 그토록 잦은 비판을 받는 능력인 저의 시 쓰기에 대해 눈을 한번 돌려 보겠습니다. 사실 시는 제게 너무도 자연스러운 것이어

---

[153] "Hieronymum ipsum hispane loquentem audire me existimarem."

서, 저는 심지어 이 편지조차 운문으로 쓰지 않으려고 지금 발버둥 치고 있습니다. 왜냐하면 "내가 무엇을 말하려 해도, 그것은 모두 시가 되었다"[154]고 말할 수 있으니까요. 저는 시가 그렇게 많은 사람에게 비난받고 낙인찍히는 모습을 보며, 그것이 도대체 어떤 해악을 끼치는지 알아보기 위해 아주 열심히 찾아보았지만, 결국 아무것도 발견하지 못했습니다. 오히려, 시가 시빌[155]들의 입을 통해 찬양받고, 특히 다윗 왕과 같은 선지자들의 붓을 통해 신성시되는 것을 볼 수 있습니다. 사랑하는 저의 교부이자 위대한 주석가는 다윗의 글[156]에 대해 이렇게 말씀하셨습니다. "그것은 호라티우스[157]와 핀다로스[158]처럼 때로는 이암보스[159]로 격렬히 달리고, 때로는 알카이오스 형식[160]으로 울려 퍼지며, 때로는 사포[161]의 운율처럼 높아졌다가, 때로는 반절의 운율로 걸어간다."[162] 성경은, 모세 오

---

154 "Quidquid conabar dicere, versus erat." 시인 오비디우스의 「슬픔(Tristia)」에 나오는 구절이라고 한다. *Sor Juana Inés de la Cruz: Selected Works*, Norton, 2016, p. 120.
155 시빌(Sybil)은 고대 그리스·로마 신화와 문학에 등장하는 여사제 혹은 무녀를 말한다.
156 다윗 왕이 쓴 「시편」을 의미한다.
157 호라티우스(Quintus Horatius Flaccus, BC 65~8)는 로마 아우구스투스 황제 시절의 서정시인 및 풍자시인이다.
158 핀다로스(Píndaro, BC 518~438)는 고대 그리스의 위대한 서정시인이다.
159 이암보스 시(poema iambico)는 짧은 음절과 긴 음절이 교차하면서 비판적 내용을 담고 있는 풍자시다.
160 알카이오스 율격은 고대 그리스의 서정시인 알카이오스(Alkaios, BC 625/620~580)의 이름을 딴 시의 운율이다.
161 사포(Sappho)는 고대 그리스에서 가장 널리 알려진 여류 서정시인이다. 위에서 언급된 알카이오스와 연인 관계로 추정한다.
162 "In morem Flacci et Pindari nunc iambo currit, nunc alcaico personat, nunc sapphico tumet, nunc semipede ingreditur." 예로니모 성인의 서간문.

경이 그렇듯이, 대부분 운문으로 쓰여 있습니다. 이시도로 성인은 『어원학』에서 「욥기」가 서사적 운문으로 되어 있다고 말합니다.[163] 솔로몬은 「아가」[164]를 시로 썼고, 예레미야도 그렇게 「애가」[165]를 썼습니다. 이 때문에 카시오도루스[166]는 "모든 시는 성경에서 유래한다"[167]라고 말합니다. 그렇다면, 우리 가톨릭교회는 시를 무시하기는커녕 그것을 성가에 사용하고, 성 암브로시오,[168] 성 토마스, 성 이시도로, 그리고 다른 성인들의 시도 낭송합니다. 보나벤투라[169] 성인은 시를 매우 좋아해서 그의 책에 시가 없는 부분을 찾아보기 어렵습니다. 성 바오로 역시 분명히 시를 배웠기에, 글을 쓰면서 아라토스[170]의 이런 말을 번역하고 인용합니다. "우리는 그분 안에서

---

163   성 이시도로(Isidoro de Sevilla, 560~636)는 '스페인의 솔로몬'이라 불리는 학자로서 단테는 『신곡』에서 그를 가톨릭 최고 신학자로 꼽는다. 그가 쓴 『어원학(Etimologías)』은 당시 학문과 지식을 집대성한 백과사전과 같은 것으로서 중세의 교과서 역할을 했던 중요한 책이다. '서사적 운문(verso heroico)'이란 서사적이고 장엄한 주제를 다룰 때 쓰이는 운문 형식을 말한다.
164   본문에는 「아가」 대신 「결혼 찬가(Epitalamios)」라고 나온다. 그러나 솔로몬이 쓴 「결혼 찬가」라면 곧 「아가」를 의미하기에 본문에는 그냥 「아가」라고 명기했다. 「결혼 찬가」는 고대 그리스·로마 문학의 혼례의 노래를 의미하며 신랑과 신부의 부부 생활의 기쁨을 노래한다.
165   구약성경에서 「예레미야서」 다음에 나오는 「애가(哀歌, Trenos)」는 예언자 예레미야(Jeremías, BC 650~585)가 쓴 것으로 간주된다.
166   카시오도루스(Flavius Magnus Aurelius Cassiodorus, 485~585)는 로마의 정치가이자 수도자다.
167   "Omnis poetica locutio a Divinis scripturis sumpsit exordium."
168   성 암브로시오(Ambrosius, 340~397)는 독일 트리어 태생으로 밀라노 주교를 지냈다. 뛰어난 학문과 깊은 신앙, 그리고 행정적인 능력으로 초기 교회 혼란을 수습했고 아우구스티누스 성인을 신앙으로 이끌었다. 성 아우구스티누스, 성 예로니모, 성 그레고리오 1세 교황과 더불어 서방 교회의 4대 교부로 간주되기도 한다.
169   성 보나벤투라(Bonaventura, 1221~1274)는 중세의 뛰어난 가톨릭 신학자이자 사상가로서 '교회 박사'로 선포된다.
170   아라토스(Aratus, BC 315~245)는 고대 그리스 시인이며, 천문학에 대한 작품「파

살고 움직이며 존재합니다."[171] 그는 또 다음과 같은 파르메니데스의 글을 인용하기도 합니다. "크레타 사람들은 언제나 거짓말쟁이, 고약한 짐승, 게으른 먹보들이다."[172] 나지안주스의 그레고리오[173] 성인은 결혼과 순결의 문제를 우아한 시로 논하고 있습니다. 이쯤 되면 제가 왜 쓸데없는 걱정을 해야 합니까? 지혜의 여왕이신 우리 성모님도 거룩한 입술을 통해 찬가[174]를 부르셨습니다. 성모님의 사례가 있을진대, 아무리 권위 있고 학식 높은 남자들이라 할지라도 세속적인 사례를 찾는 것은 모욕적인 일이 될 것입니다. 이미 성모님의 예만 보더라도 충분하니까요. 비록 히브리어의 우아한 문체가 라틴 운율에 들어맞지 않아, 의미 전달에 더 중요성을 둔 성경 번역가가 운문을 생략하긴 했지만, 「시편」은 여전히 운문의 시행과 단락 구분을 유지하고 있습니다. 그렇다면, 시 자체가 무슨 해악을 가지고 있다는 말입니까? 잘못된 사용은 그 기술 자체의 책임이 아니라, 그것을 악마의 의도와 엮으려는 나쁜 교수의 탓입니다. 그리고

이노메나(Phaenomena)」로 유명하다.
171 "In ipso enim vivimus, et movemur, et sumus"(「사도행전」, 17장 28절).
172 "Cretenses semper mendaces, malae bestiae pigri"(「티토에게 보낸 서간」, 1장 12절). 이 글의 출처는 모든 것이 불변한다고 주장했던 엘레아 학파 파르메니데스의 글이 아니라, 기원전 7~6세기 크노소스 출신의 에피메니데스(Epimenides)가 쓴 「미노스」라는 글이다. 여기서 크레타인의 '거짓말'이란 제우스가 죽을 운명을 가진 존재라는 것이다. 에피메니데스는 제우스가 불멸의 존재임을 노래하고 있다. https://ko.wikipedia.org/wiki/에피메니데스.
173 나지안주스의 그레고리오(Gregorius of Nazianzenus, 330~390)는 콘스탄티노폴리스 총대주교를 지낸 동방 교회의 교부다. 바실리오 성인, 니사의 그레고리오 성인과 함께 삼위일체 교리의 확립에 큰 역할을 했던 카파도키아의 세 교부로 꼽힌다.
174 성모 마리아가 가브리엘 천사로부터 예수님 잉태 소식을 듣고 엘리사벳을 방문했을 때, 엘리사벳의 인사말에 대한 응답으로 부른 노래를 말한다. 마니피캇(Manificat)이라고 한다. 「루카 복음서」, 1장 46~55절의 내용이다.

이는 모든 기술과 학문 분야에서 발생하는 일입니다.

만약 여자가 시를 쓰는 것 자체가 악이라면, 이미 많은 여성이 그것을 훌륭하게 구사한 사례를 보았는데, 여성이라는 나의 존재에 도사리고 있는 악이란 무엇입니까? 물론, 저는 저의 비천함과 부끄러움을 압니다. 그러나 그렇다고 해서 저의 시가 더럽다고는 생각하지 않습니다. 게다가 저는 자발적으로 무언가를 쓴 적이 없으며, 언제나 외부의 요청이나 지시에 따라 썼을 뿐입니다. 제 취향에 따라 쓴 글이라고 기억나는 것은 사람들이 「꿈」[175]이라고 부르는 작품 하나밖에 없습니다. 당신이 그토록 칭찬해 주신 그 편지는 사실 너무도 내키지 않으며 쓴 것입니다. 왜냐하면, 이미 말씀드렸듯이, 그것은 제가 경외심을 가지고 있는 거룩한 문제들을 다루고 있기 때문이며, 또한 마치 제가 논박하는 것처럼 보일 수 있기 때문입니다. 그러나 저는 천성적으로 그런 것에 거부감을 가지고 있습니다. 그리고 저는 만약 그 편지가 (마치 침묵의 나일강에 제가 버려 버렸는데도, 공주님 같은 당신이 건져 내 품어 주신 또 다른 모세와도 같이) 출판되리라는 과분한 운명을 미리 알았다면, 다시 말씀드리지만, 거기에 생각이 미쳤더라면, 저는 그것을 쓴 저의 두 손으로 즉시 익사시켜 버렸을 것입니다. 왜냐하면 저의 무지에서 나온 서툰 잡기가 당신 지혜의 빛에 드러나는 것이 두려웠기 때문입니다. 여기서도 당신의 높은 성품이 잘 드러납니다. 왜냐하면 당신의 총명한

---

[175] 이 책에 번역되어 수록된 「첫 꿈(Primero Sueño)」을 의미한다. 이 대목을 보면, 「첫 꿈」이 이 편지가 쓰인 1691년 이전의 작품이라고 추정할 수 있다.

지성이 거부감을 가지고 있을지도 모르는 바로 그것을 당신은 기꺼이 격려하며 박수를 쳐 주시니 말입니다. 하지만 이제 편지가 운명에 이끌려 천애의 고아처럼 당신의 문 앞에 버려지고 당신이 이름까지 지어 준 마당에 저를 괴롭게 하는 것은, 다른 많은 단점 가운데에서도, 그것이 너무 급히 쓰인 글이라는 점입니다. 지속적인 저의 나쁜 건강 상태, 제가 순명 속에 수행해야 할 수많은 의무, 게다가 제가 쓰는 일을 도와줄 사람이 없어서 모든 것을 제 손으로 직접 해야 했던 점, 그리고 제 성격에는 안 맞지만 제가 복종하지 않을 수 없는 분에게 드린 약속을 지키기 위해 마지못해 썼던 것으로 인해 저는 그 편지를 다듬을 시간이 부족했습니다. 그렇다 보니 저는 구상했던 전체 담론과 많은 논증을 글에 포함하지 못했고, 결국 그것을 보충하지 않은 채 글을 마무리한 것입니다. 만약 그 편지가 인쇄되리라는 걸 알았다면, 사람들이 제기하는 몇 가지 문제를 반박하기 위해서라도 그것들을 생략하지 않았을 것입니다. 지금이라도 그것을 당신께 보낼 수도 있지만, 당신의 순수한 눈에 부적절한 얘기를 늘어놓는 분별없는 짓은 하지 않겠습니다. 이미 저의 무지함 때문에 괴로운 마당에 또 다른 사람들을 끌어들이며 고통을 드릴 수는 없으니까요. 그러나 만일 그들이 혹시라도 당신에게 기어오른다면(그들은 워낙 경박해서 충분히 그럴 수 있습니다), 저는 당신의 명에 따르겠습니다. 다만 당신의 지시에 어긋나는 것이 아니라면, 저를 방어하기 위해 펜을 들지는 않을 것입니다. 왜냐하면, 사람은 오류가 숨겨져 있는 바로 그곳에서 그것을 인식하기 마련이기에, 누군가 도발한다고 해서 반드시 반박할 필요는 없기 때문입니다. 저의 교부인 예로니모 성인은 "좋은 말에는 비밀이 숨겨져 있지 않다"[176]고 하셨고, 암브로시오 성인은 "숨으려는 것은 죄책감 있는 양심 때문이다"[177]라고 하셨습니다. 저는 스스로 누구로부터 공격받고 있다고도 생각하지 않습니다. 법의 원칙 중 하나에 따르면, "비난은 그것을 제기한 사람에 대해 아는 게 없으면 유지되지 않는다"[178]라고 합니다. 확실한 것은 그가 비난을 확산하기 위해 갖은 노력을 하고 있다는 것입니다. 신용을 얻는 것보다 그것을 깎아 먹는 데에 더 큰 노력을 기울이다니 참으로 이상한 광기입니다! 수녀님, 저는 이에 반응하고 싶지 않았습니다. 비록 다른 이들은 제가 모르는 사이에 그렇게 했지만 말입니다. 다만 저는 몇 편의 글만 보아도 충분합니다. 그 가운데 좋은 글 하나를 보내 드립니다. 그걸 읽으시면 저의 글 때문에 빼앗긴 시간을 어느 정도 보충하실 수 있을 것입니다. 수녀님, 만일 제가 당신의 판단과 의견을 구하기 위해 취했던 행동과 반대로 하기를 원하신다면 당신의 조그마한 의향 표시에도 저는 마땅히 그 뜻을 따를 것입니다. 이미 말씀드렸듯이, 제 생각은 침묵하는 것이었습니다. 비록 요한 크리소스토모 성인께서 "비방하는 자들에게는 논박해야 하고 질문하는 자들에게는 가르쳐야 한다"[179]고 말씀하셨지만 말입니다. 저는 또한 그레고리오 성인께서 "적을 인내하는 것이 이기는 것만큼이나 승리다"[180]라고 하신 말씀

---

176 "bonus sermo secreta non quaerit." 「가우덴티우스에게 보내는 편지」.
177 "latere criminosae est conscientiae." 『아브라함』.
178 "Accusatio non tenetur si non curat de persona, quae produxerit illam."
179 "calumniatores convincere oportet, interrogatores docere."

도 기억하고 있습니다. 그 인내는 참으면서 이기고, 고통을 겪으면서 영광을 얻습니다. 옛날, 로마 이교도들 사이에서는 이민족을 정복한 장군들이 자주색 옷을 입고 월계관을 쓴 채, 동물이 아니라 정복당한 임금들이 왕관을 썼던 이마로 끄는 마차를 타고, 약탈한 온 세상의 금은보화와 영웅적인 무훈의 휘장을 두른 정복 군대를 이끌며, 지휘관들 가운데 가장 높은 곳에 앉아 개선하는 것이 관습이었습니다. 이 와중에 군중은 그들에게 '조국의 아버지', '제국의 기둥', '로마의 방벽', '공화국의 보호자', 그리고 온갖 명예로운 호칭으로 그들의 영광과 명성을 드높이면서 열광적인 환호와 박수갈채를 보냈습니다. 그런데, 이렇게 최고조에 달한 축하와 환희 속에서 평범한 병사 한 명이 원로원의 암묵적인 동의와 지시 속에 이렇게 큰 소리로 외쳤다고 합니다. "당신은 죽을 운명을 가지고 태어났음을 기억하고, 무수한 결점이 있음을 기억하라." 때때로 이들은 부끄러운 치부도 감추지 않았다고 합니다. 예를 들어, 카이사르의 개선식에서 말단 병사들이 그가 듣는 데에서 이렇게 외쳤다고 하지요. "로마 시민들이여 주의하세요. 우리가 대머리 바람둥이를 데려왔습니다."[181] 이는 모두 수많은 영예 속에 정복자가 자만에 빠지지 않도록 하기 위한 것이었습니다. 왜냐하면 이런 모욕이 평형수가 되어 그토록 우렁찬 박수갈채를 보내는 많은 돛에 대해 균형을 잡는 역할을 함으로써, 수많은 찬사의 풍랑 속에 판단력을 가진 배가 위험

---

180   "Victoria non minor est, hostes tolerare, quam hostes vincere."
181   "Cavete romani, adducimus vobis adulterum calvum."

에 빠지지 않게 하기 때문입니다. 그런데, 하물며 이교도들도 자연법에 비춰 보고 이렇게 행동하는데, 원수를 사랑하라는 계명을 가진 우리 가톨릭 신자들이 참지 못할 것이 무엇이겠습니까? 제 경우를 보면, 분명히 말씀드리건대 이러한 중상모략이 종종 저를 괴롭히긴 했지만, 결코 저를 해친 적은 없습니다. 저는, 충분히 존경받을 수 있는 사람이 일은 잘해 놓고 인정은 못 받는 것이야말로 참으로 어리석은 행동이라고 생각하기 때문입니다. 이는 마치 죽음을 인정하지 않으려 발버둥 치다가 결국 아무 소득 없이 죽어 가는 사람들과 같습니다. 그는 순리에 순응하는 덕을 빼앗겼을 뿐만 아니라 유종의 미가 될 수 있었던 죽음을 망쳐 놓은 것입니다. 수녀님, 그래서 저는 이런 일들이 제게 해악보다는 공덕을 준다고 믿으며, 나약한 인간에게 칭찬하는 것이야말로 더 큰 위험을 부른다고 봅니다. 그것은 애초에 우리에게 칭찬할 것이 없었기 때문입니다. 그래서 우리는 늘 근신하면서 다음과 같은 바오로 사도의 말씀을 마음에 새기는 게 좋습니다. "누가 그대를 남다르게 보아 줍니까? 그대가 가진 것 가운데에서 받지 않은 것이 어디 있습니까? 모두 받은 것이라면 왜 받지 않은 것인 양 자랑합니까?"[182] 이 말씀은 날카롭게 찌르는 칭찬으로부터 우리를 보호하는 방패 역할을 합니다. 칭찬은 창과 같아서, 그것을 하느님께 돌리지 않을 때 우리를 죽이고, 하느님의 영광을 훔친 도둑으로 만들어 버리며, 그분이 우리에게 주신 재능

---

182 "Quid autem habes quod non accepisti? Si autem accepisti, quid gloriaris quasi non acceperis?"(「코린토 신자들에게 보낸 첫째 서간」, 4장 7절).

과 우리에게 빌려주신 은혜를 가로챈 강도가 되게 합니다. 그래서 우리는 자신에게 향하는 칭찬에 대해 아주 엄격한 평가를 해야 하는 것입니다. 수녀님, 그래서 저는 비방보다 칭찬을 더 두려워합니다. 왜냐하면 비방은 잠시만 참으면 이득이 되지만, 칭찬은 겸손한 가운데 자기 자신에 대해 잘 아는 깊은 성찰의 행위가 수반되지 않으면 반드시 해가 되기 때문입니다. 제 경우에는, 이를 아는 것이 하느님의 특별한 은총이라는 것을 잘 알고 있고 인정하고 있습니다. 그래서 아우구스티누스 성인의 "칭찬하는 친구를 믿어서는 안 되며, 비방하는 적도 마찬가지다"[183]라는 말씀을 명심하여 처신하려고 하고 있습니다. 다만 저는 성격상 하느님의 은총을 날려 버리거나, 많은 결점과 부족함으로 그것을 훼손하여 본래 하느님의 것이었기에 선했던 것까지 망쳐 버리고 마는 경우가 대부분입니다. 그래서 지금까지 인쇄된 몇 안 되는 작품의 경우, 제 이름은 물론 인쇄 허가조차도 제 의지가 아니라 저의 통제 밖에 있는 다른 이의 결정으로 이루어졌습니다. 이는 「아테나 여신에 버금가는 편지」가 인쇄될 때도 마찬가지였습니다. 제가 기꺼이 인쇄를 허락한 것은 오직 공개 기도를 위해 나온 「성육신을 위한 수행」[184]과 「고통의 봉헌」[185]뿐인데,

---

183   "Amico laudanti credendum non est sicut nec inimico detrahenti."
184   산문 형태로 된 이 글의 원래 제목은 「하느님 아들 우리 주 예수 그리스도의 티 없이 깨끗한 성육신을 앞둔 9일간의 경건한 수행(Ejercicios devotos para los nueve días antes del de la Purísima Encarnación del Hijo de Dios, Jesucristo, Señor Nuestro)」이다. 성모 마리아가 예수님을 잉태하신 날, 즉 수태고지(受胎告知)를 기념하며 그 9일 전부터 어떻게 기도해야 하는지 안내해 주는 글이다. 한국 가톨릭교회에서는 이날을 '주님 탄생 예고 대축일'(3월 25일)로 기념하고 있다.
185   「고통의 봉헌(Ofrecimientos de los Dolores)」은 예수 그리스도와 성모 마리아의 고통

제 이름을 밝히지 않았습니다. 저는 이 책들 몇 권을 당신께 보내 드리오니, 괜찮으시다면, 당신이 계신 거룩한 수도 공동체의 우리 수녀님들과 그 도시의 다른 분들에게 나누어 주시기를 바랍니다. 「고통의 봉헌」은 한 권만 보내 드립니다. 이미 다 소진되어서 더 찾을 수가 없었습니다. 저는 이 책들을 오래전 오로지 우리 자매 수녀님들의 신심을 위해 썼는데, 이후 널리 보급되었습니다. 그 내용은 제게으름과 무지에 비해 지나치게 과분하지만, 다행인 점은 하늘의 모후이신 성모님을 다루고 있다는 점입니다. 아무리 얼음장 같은 마음을 가진 사람도 거룩한 마리아에 대한 얘기라면 녹아 버리고 마니까요. 지극히 공경하는 수녀님, 당신의 덕과 지혜에 걸맞은 작품을 보내 드리고 싶으나, 위대한 시인은 이렇게 말합니다.

비록 힘은 없을지 모르나, 그 선의는 칭송받으리라.
이번 경우에, 나는 믿나니, 신들이 기뻐할 것이다.[186]

만약 제가 또 다른 잡글을 쓴다면, 그것은 항상 당신의 거룩한 발 아래 축복을 받고, 당신의 교정과 함께 안전해질 것입니다. 제가 당신께 보답할 다른 보물은 없습니다. 세네카는 일단 은혜를 베풀기 시작하면 그것을 계속할 의무가 있다고 말했습니다. 당신의 관대함은 결국 당신 자신에게 보답할 것이고, 그렇게 되어야만 비로

을 묵상하는 종교시다.

[186] "Ut desint vires, tamen est laudanda voluntas: hac ego contentos, auguror esse Deos." 오비디우스의 『폰토스에서 온 편지들(Epistulae ex Ponto)』.

소 제가 명예로운 방식으로 은혜를 갚을 수 있을 겁니다. 그렇지 않으면, "은혜에 보답하지 못하는 것은 수치다"[187]라는 세네카의 말이 제게 해당할 것입니다. 관대한 채권자라면 가난한 채무자에게 빚을 갚을 수 있도록 해 주는 것이 진짜 너그러움입니다. 바로 이것이 빚을 갚을 능력이 없던 세상을 위해 하느님이 주신 것입니다. 즉 당신의 아드님을 주셔서 그분을 통해 합당한 속죄를 이루게 하신 것입니다.

이 편지의 문체가 존귀하신 수녀님께 걸맞지 않았다면 용서하여 주시기 바랍니다. 당신을 베일을 쓴 제 자매들 가운데 하나로 생각하여 격의 없이 대하면서 집안에서의 친근한 표현을 쓰다 보니 거룩하고 지체 높은 분과의 거리감이 없어졌나 봅니다. 만약 베일 없이 뵈었더라면,[188] 이런 일이 없었을 것입니다. 그러나 수녀님께서는 지혜로움과 너그러움으로 제 표현을 보완하거나 고쳐 주시고, 제가 사용한 '당신(Vos)'이라는 표현이 지극히 경애하는 분에게 드려야 할 예우에 비해 어울리지 않는다고 생각하신다면, 적절하다고 여기는 것으로 바꾸셔도 됩니다. 저는 감히 문체의 한계를 넘어서거나 당신의 소박한 겸손함의 경계를 넘어서지 않으려 했을 뿐입니다.

그리고 저를 당신의 호의 안에 머물게 하시어 제가 거룩한 은총을 받을 수 있도록 해 주십시오. 그리고 주님께서 당신에게 큰 은총을

---

187 "Turpe est beneficiis vinci." 세네카의 『친절함에 대하여(De Beneficiis)』.
188 수녀의 수도복 베일과 대주교의 신분 감추기를 모두 암시하는 중의법적 표현이다.

허락해 주시고 지켜 주시기를 간절히 소망하고 간구합니다. 멕시코의 예로니모 수도원에서, 1691년 3월 1일. 당신의 충실한 종인 후아나 이네스 데 라 크루스가 당신의 손에 입맞춤하며.

해설

필로테아 수녀님에 대한 답신
Repuesta a Sor Filotea de la Cruz

「필로테아 수녀님에 대한 답신」(이하「답신」으로 표기)은 1691년 소르 후아나가 쓴 서간문 형식의 글이다. 이 글의 발단은 1690년 푸에블라의 마누엘 페르난데스 데 산타 크루스 주교가 사전 동의 없이 소르 후아나의 글 「아테나 여신에 버금가는 편지」를 출판하면서 시작한다. 이는 소르 후아나가 포르투갈의 저명한 신학자인 안토니우 비에이라 신부의 강론을 신학적으로 비판하는 글이었다. 그런데 주교는 그 책에 「소르 필로테아 데 라 크루스의 편지」라는 자신의 서문도 싣는다. 소르 필로테아 데 라 크루스는 자기 신분을 감추기 위한 가명이었다. 문제는 주교가 이 편지에서 겉으로는 소르 후아나의 지적 능력을 칭찬하는 듯하지만 사실상 여성의 공부를 비판하고 있다는 점이다. 이에 대해 소르 후아나가 응답하는 편지가 「답신」이다. 소르 후아나는 물론 이 편지의 진짜 저자가 주교라는 사실을 알고 있었으나 '필로테아 수녀'에게 보내는 편지의 형식을 지킨다. 「답신」은 소르 후아나의 개인사를 알려 주는 자료로, 또한 역사상 최초의 페미니즘 선언이라 불릴 정도의 혁신적인 내용으로 인해 중남미 지성사에서 중요한 글로 꼽힌다. 예를 들어, 스페인 비평가 호세 마리아 데 코시오는 이 문서가 아메리카 여성의 지적 자유를 선언한 마그나 카르타(Magna Carta)였다고 평가한다.

애초에 소르 후아나가 「아테나 여신에 버금가는 편지」에서 비판한 비에이라 신부의 강론 내용은 그리스도 사랑의 표현에 대한 것이었다. 비에이라 신부는 1650년 리스본 예수회 대학에서 성주간 목요일의 세족례 미사 강론을 하면서, 예수 그리스도의 사랑은 구원의 대상을 선택한 그분의 능력에서 가장 위대하게 표현된다고 말한다. 그러나 소르 후아나는 이것이 구원의 보편성을 부정하는 말이라고 비판하면서, 그리스도의 사랑이 가장 잘 드러난 행위는 십자가 희생이었다고 반박한다. 그녀는 이를 뒷받침하기 위해 자신의 깊은 철학적, 신학적 지식을 과시한다. 하지만 식민지에 살고 있는 한 수녀가 당대 최고 신학자의 강론을 비판한다는 것은 글의 수준이나 진위를 떠나 남성중심주의 교회 권위에 대한 큰 도전이었다. 소르 후아나가 자신의 글에 처음 붙인 제목도 「강론에 대한 비판(Crisis sobre un sermón)」이었다.

「소르 필로테아 데 라 크루스의 편지」에서 마누엘 페르난데스 데 산타 크루스 주교는 먼저 소르 후아나의 지식과 지적 명석함을 칭찬한다. 하지만 궁극적으로 그는 소르 후아나에게 세상사보다는 신앙에 헌신하라고 충고한다. 명시하지는 않지만, 주교는 여성의 교육에 대해서도 탐탁지 않게 생각한다. 주교는 아빌라의 데레사나 나지안주스의 그레고리오 성인을 예로 들면서, 신학적인 글보다는 신비 문학의 글쓰기를 권고한다. 여성에게는, 특히 여성 수도자에게는 학문보다 겸손과 순명이 더 중요하다는 무언의 압력이었다. 결국 공부 자체가 문제가 아니라 '여자의 공부'가 문제였다. 산타 크루스 주교는 소르 후아나의 고해 사제였던 안토니오 누녜스 데 미란다 신부와 마찬가지로 '거룩한 무지'를 강요하면서, "저를 사랑하고 제가 잘되는 것을 바란다고 하면서도 다른 누구보다도 저를 괴롭히고 고문했던" 사람이라고 할 수 있다.

소르 후아나가 쓴 「답신」은, 여성은 학문을 사랑하고 교육을 받을 수 있는 지적 권리를 가지고 있으며 이는 하느님의 뜻에도 부합한다는 것으로 요약할 수 있다. 그 내용을 다섯 가지로 나눠 살펴보자.

먼저, 세속적인 학문을 지양하고 성경과 같은 거룩한 주제를 공부하라는 주교의 충고에 대해 소르 후아나는 자신이 그것을 쓰지 않았던 이유는 자격 없는 자신이 거룩한 글을 쓰는 것에 대해 두려움이 너무 컸기 때문이라고 고백한다. 또한 애초에 세속적인 글을 많이 썼다고 하나, 사실 모두 남들의 강요나 부탁에 의한 것이었지 자발적인 글은 없었다고 변명한다.

둘째, 소르 후아나는 자신의 어린 시절을 회상하면서 자기가 선천적으로 지식에 대한 갈증과 욕구가 컸다고 말한다. 그리고 수도원에 입회한 것도 공부를 하기 위해 가장 좋은 선택지였다고 말하면서 자신의 학문은 궁극적으로 하느님께 영광을 돌리기 위한 것이라 덧붙인다. 즉 논리학, 물리학, 기하학, 음악 등 모든 학문이 신학의 거룩한 정점을 향하는 계단이라는 것이다.

셋째, 소르 후아나는 시기와 박해 속에 여자가 공부하는 것이 얼마나 힘든지에 대해 토로한다. 그중에서도 '거룩한 무지'를 강요하는 교회 측의 괴롭힘이 제일 힘들었다고 고백한다. 이렇게 여자의 지적 성향과 능력을 무시하는 편견에 대해 소르 후아나는 역사상 존재했던 수많은 여성의 지적 능력과 업적을 나열하며 반박한다. 학문의 여신이자 모든 지식을 관장하는 미네르바 여신으로부터 시작해 라틴 학문의 창시자인 니코스트라타, 알렉산드리아의 천문학자 히파티아, 뛰어난 성서학자였던 파울라 성녀와 '세상의 불가사의'라 불렸던 그녀의 딸 에우스토키움 등 서른 명 이상의 이름이 거론된다. 결론적으로 소르 후아나는 여성이 남성과 마찬가지로 학문을 탐구하고 글을 쓰고 가르치는 것은 매우 합법적이고 유익하다고 강조한다.

넷째, 소르 후아나는 여성 교육도 강조한다. 즉 여성도 배우고 가르쳐야 하며 이를 통해 많은 사회적 해악을 방지할 수 있다고 말한다. "여자들은 교회 안에서 잠자코 있어야 합니다"라는 사도 바오로의 말씀은 문구에 집착할 것이 아니라 문맥에 맞게 해석해야 한다고 강조하면서, 제르투르다, 아빌라의 데레사, 비르지타, 아그레다 등 많은 글을 썼던 성녀들의 사례를 든다. 여기서 소르 후아나는 모든 문제의 발단이 된 「아테나 여신에 버금가는 편지」를 변호하기도 한다. 즉 비에이라 신부의 생각이 거룩한 신앙의 원리가 아닌 바에야, 맹목적으로 믿어야 하는 것은 아니며 그 의견에 동의하지 않을 자유가 있다는 것이다.

다섯째, 소르 후아나는 자신의 문학 활동, 특히 시 쓰기에 대한 비판에 대해서도 응답한다. 결론은 시가 어떤 해악을 끼치는지 전혀 알 수 없다는 것이다. 오히려 시는 다윗 왕이 쓴 「시편」에서 알 수 있듯이 신성시되었고 성경 자체가 운문을 바탕으로 한다고 말하면서, 지혜의 여왕이신 성모님조차도 거룩한 입술을 통해 찬가 마니피캇을 불렀다고 덧붙인다. 결론적으로 운문 자체는 아무런 해악을 가지고 있지 않으며, 단지 그것을 악의적으로 엮으려는 사람들이 문제라는 것이다.

  소르 후아나는 「답신」에서 자신의 학문적 열정과 여정을 설명하고 여성의 지적 자유를 옹호하며 지식과 신앙의 조화를 강조한다. 이 과정에서 그녀는 완고한 남성중심주의가 지배하는 교회와 사회의 편견에 과감히 맞선다. 내용뿐만 아니라 논리적이고 분석적인 문체 때문에 소르 후아나는 계몽주의의 선구자라고 평가되기도 한다. 그러나 그녀는 끝내 이 고비를 넘지 못하고 학문과 작품 활동을 중단한다. 침묵의 세계로 들어간 소르 후아나는 '겸손과 순명'의 생활을 하다가 1695년 영원한 세계로 떠난다. 「답신」은 5년 후인 1700년 소르 후아나의 세 번째 책으로 출판되는 『유고집』에 실린다. 책의 정식 제목은 『멕시코 불사조의 명성과 유고집(Fama y obras posthumas del Fénix de México)』이다.

소르 후아나 연보

1648 12월 2일, 멕시코시티 근교의 산미겔네판틀라에서 출생. 외할아버지 농장에 거주.
1656 멕시코시티로 이주.
1664 만세라 후작인 돈 세바스티안 데 톨레도가 신임 부왕(副王)으로 취임. 부왕비(副王妃)의 시중을 들러 부왕 궁정에 들어감.
1665 스페인 국왕 펠리페 4세 사망. 국왕의 죽음을 애도하는 소네트를 지어서 바침. 카를로스 2세가 새 국왕으로 즉위.
1667 맨발의 가르멜 수도회에 입회하지만 석 달 만에 나옴.
1668 궁정에서 40명의 지식인과 지혜를 겨룸.
1669 예로니모 수도회 입회.
1674 만세라 후작 부인 사망. 세 편의 소네트 헌정.
1680 라구나 후작인 토마스 안토니오 데 라 세르가가 신임 부왕으로 부임. 소르 후아나는 신임 부왕을 위한 상식용 개선문을 디자인하고 「비유의 넵투누스」를 써서 바침. 부왕비인 파레데스 여백작은 이후 소르 후아나의 최고 후원자가 됨.
1682 멕시코 왕립 교황청 대학이 주최한 백일장에서 두 편이 입상. 안토니오 누녜스 데 미란다 신부를 고해 사제 역할에서 물러나게 함.
1683 희곡 「저당 잡힌 집」이 라구나 부왕 부부 앞에서 상연.
1685 「첫 꿈」의 집필 완료.
1686 몬클로바 백작인 멜초르 포르토카레로가 신임 부왕으로 취임.
1688 갈베 백작인 가스파르 데 산도발이 신임 부왕으로 취임.
1689 부왕에게 헌정된 희곡 「사랑은 지극한 미로」 상연. 성찬신비극 「거룩한 나르키소스」는 마드리드에서 상연. 여러 작품을 수록한 첫 단행본 『카스탈리아 샘물의 범람』이 파레데스 여백작의 후원으로 마드리드에서 출판.
1690 『카스탈리아 샘물의 범람』의 재판이 『시(Poemas)』라는 제목으로 마드리드에서 간행. 멕시코에서는 「아테나 여신에 버금가는 편지」와 「거룩한 나르키소스」 출판. 1684년에서 1688년 사이에 쓴 신앙 관련 글을 모은 『고통의 현현과 봉헌의 수련(Ejercicios de la Encarnación y Ofrecimientos

	de los Dolores)』 출판.
1691	「필로테아 수녀님에 대한 답신」을 씀.
1692	멕시코시티에서 식량 부족으로 인한 민중 폭동으로 부왕 궁정이 불탐. 세비야에서 『카스탈리아 샘물의 범람』의 후속편이라 할 수 있는 『제2권』 출판. 이 책에는 「첫 꿈」과 함께 「아테나 여신에 버금가는 편지」의 제목을 바꾼 「강론에 대한 비판(Crisis sobre un sermón)」, 그리고 처음 선보이는 성찬신비극인 「성사의 순교자」, 「요셉의 홀」 등을 수록.
1693	안토니오 누녜스 데 미란다 신부와 '화해'하면서 다시 고해 사제로 모심. 글쓰기를 중단함.
1694	수도원 입회 25년의 은경축을 맞아 수도 서원 갱신. 수녀원 내의 개인 서재를 없애고 모든 물건을 처분.
1695	4월 17일, 전염병에 걸린 동료 수녀를 돌보다가 감염되어 선종.
1700	「필로테아 수녀님에 대한 답신」이 포함된 세 번째 작품집 『멕시코 불사조의 명성과 유고집』이 마드리드에서 출판. 카를로스 2세 스페인 국왕 사망.

옮긴이 신정환

한국외국어대학교 스페인어과를 졸업하고, 스페인 마드리드 콤플루텐세 대학교에서 중남미 문학을 전공하여 박사 학위를 받았다. 한국외대 스페인어통번역학과 교수로 재직하며 중남미연구소장을 맡고 있다. 연구 분야는 스페인·중남미 문학과 문화, 바로크 미학, 생태비평 등이다. 을유문화사 세계문학전집 편집위원이며, 한국스페인어문학회, 한국바로크학회, 한국비교문학회 등의 회장을 지냈다.『두 개의 스페인』,『라틴아메리카 역사 산책』,『라틴아메리카 생태를 읽다』,『역사를 살았던 쿠바』(이상 공저) 등의 저서와,『돈키호테 성찰』,『7개의 목소리』,『달콤한 고통: 알폰시나 스토르니 시선집』 등의 번역서가 있다.

첫 꿈
소르 후아나 선집

초판 1쇄 펴낸날   2025년 2월 28일

지은이   소르 후아나 이네스 데 라 크루스
옮긴이   신정환

마케팅   박병준
편집   김성천
디자인   이윤경

펴낸이   박세경
펴낸곳   도서출판 경당
출판등록   1995년 3월 22일(등록번호 제1-1862호)
주소   (04002) 서울시 마포구 월드컵북로5나길 18 대우미래사랑 209호
전화   02-3142-4414~5
팩스   02-3142-4405
이메일   kdpub@naver.com

ISBN 978-89-86377-66-8 03870
값 19,000원

이 책은 2024년도 한국외국어대학교 교원연구지원사업 지원에 의해 이뤄진 것임.

잘못 만들어진 책은 구입처에서 바꾸어드립니다.